這世 [illegible]
但你要很可愛 2

萬特特——等著

前言

願我們歷經善惡，依舊少女無畏！

這世上有一類女性，年齡從來不是她們身上的標籤。因為她們行走江湖，靠的是少女力。

少女力不僅僅是年輕漂亮，它更像是隱藏在每個女性身上的能量，只有內在能量被真正喚醒時，女性才能達到富足、自由、自信的狀態。而其中最珍貴的，大概就是無論時間如何無情，世事如何破碎，心中仍保留了天真赤誠的心性，以及溫柔勇敢的處世態度。

我們把這種美，叫作可愛。時隔四年，它帶著人生真相，再次跟你見面。

別太早放棄你的皮囊，臉和狀態就是各憑本事。

懷抱著對美的追逐與貼近，小心翼翼與自己的「不漂亮」對抗，是大多數女孩成長的必經過程。畢竟這都什麼時代了，別再拿年齡當藉口，沒人會翻你的身分證看你是幾歲，你看上去多大，就是多大，你看上去多胖，就是多胖。

保持體重從不在於體重本身，而在於你沒有對歲月投降，你不會對世界妥協。歲月可以偷走了你的膠原蛋白，但只要你有決心，它永遠無法偷走你的挺拔和輕盈。塗口紅的時候需要集中精力，抹腮紅的時候需要面帶微笑擠出蘋果肌，試衣服的時候需要挺拔身姿，然後你會發現，那些身上或心上的疼痛，瞬間變得沒那麼囂張了。

「美」不僅意味著女性有著更好的審美品位，對生活有著更大的激情與熱望，更意味著她們有著很強的自我管理能力，而這恰恰是這個浮躁的時代裡可貴的品質。

不管以後遭遇什麼，都希望你能心有底氣地說一句：「我這麼美，才沒有時間頹廢。」

要和打從心底覺得你好的人，在一起。

遇到很好很好的愛人，真的是一種恩賜，讓整個人都會變得柔軟起來。

要和打心底覺得你好的人在一起，能夠看到你的優點並且肯定你，在你不自信的時候給你很多很多力量和信心，真心實意地覺得你很可愛，人是會在愛和誇讚裡變得越來越自信。

正是這份愛意給你了底氣，在你打算混水摸魚過著躺平人生時，會因為這個人而想再努力一點；在疲憊不堪甚至抬不起頭看月亮的日子，會因為對方而覺得人生充滿幹勁和希望。

一定要遠離那些喜歡否定你，讓你陷入自我懷疑的人。即便打著愛你的名號，那並不是愛。生活已經夠累的了，如果愛不能讓你獲得力量，反而在消耗，那你又能堅持多久呢？

無論什麼時代，女性用心於事業都是一條好出路。

大多數人知道自己想要什麼，卻非常不現實地想要「夢想成真」。千萬別相信「婚姻是女人唯一的歸宿」這種話，你去看看那些三十歲以上的姐姐們，身上大部分光芒都是來自工作。有野心，能力強，憑藉二十幾歲時的打拚，得到被他人和自己認同的成績，所以有能挺直腰桿的底氣，連傲慢都理直氣壯得可愛。

事業是一切的基礎。金錢、資源以及煩惱更少的愛情都需要以成功的事業做前提。能否選擇自己想要的，能否得到自己想要的，生活的尊嚴與底氣，都來自事業。希望你的欲望永不窮盡，能永久保持向上的姿態，心靈永不衰敗，永遠和自己並肩作戰。

我們都是幸運的普通人。

或許我們都一樣，出生在平凡的家庭，頂著不起眼的外貌，接受學校的義務教育，從來沒有什麼特長，好像也沒有堅持下去的愛好，沒有當過學霸、校花校草什麼的，按部就班畢了業，找到一份還不錯的工作，當起了上班族，期待遇見一個愛情，組建一個平凡的家庭。

這是不是你，此刻看似平凡的人生。

那你有沒有想過，給你的這個人生劇本裡，沒有天災、沒有戰爭、沒有意外，你和父母身體都健康，你沒有流離失所，想吃的美食也都買得起，你還可以像此時此刻一樣，倚在沙發上看著書，其實這已經是屬於少數人很幸運的人生了，我們是各種意義上的倖存者。

即便是差不多的人生當中，也會有閃閃發光的事情。

但願你能留意去抓住它，好好裝在自己的星星罐裡。這樣等你以後煩了累了，可以拿出來看看裡面的那些星星，它們能幫你度過艱難的時光。

親愛的女孩，這個世界就是這樣，會認識形形色色的人，會遇到無法理解的惡意，會感到失望，但只要過去了你就會發現，那些帶著偏見自說自話的言論還有那些不能理解的惡意，都是在提醒我們不要成為那樣的人。或許會焦慮，會不知所措，生活也不太如意，會感到絕望，但是前路漫長，需自身強大。

願我們歷經善惡，依舊少女無畏。

作——者——們

過好我們的人生，
種好自己的玫瑰，
未來的事，隨機應變。

萬特特

好好對待感情，不等於戀愛腦。若能明白「你若無情我便休」這一原則，就沒什麼好不捨的。不如趁早收網，和彼此相愛的人相互心軟，好過在不愛你的人身上浪費愛意。

陶瓷兔子

「後浪」不需要知道自己該做什麼。真正需要被提醒「你還年輕」的，永遠都只是「前浪」。每個人都會老去，而只有擁有好奇心和耐心的人，才能享受未來。

韋娜

有時茫然無措，有時豁然開朗。愛的時候勇敢愛，恨的時候瀟灑脫走。你是女孩，請愛生活的任何一種姿態，也愛任何一個時刻的自己。

徐多多

不是所有的「有話說」都能維持一輩子，
愛情是一場互動，失去了任何一方的主動，
情感的天平都將迅速傾斜。
在合適的時間給予對方回應是愛的表現，
所以請珍惜那個每天都和你聊天的人。

文長長

生活的遊戲規則是，誰都不能一勞永逸。
此時贏了，不必得意，人生還長著呢，
暫時的贏不能保你一世繁華；
此時輸了，也沒關係，人生還長，一時輸不代表輸一輩子。
只要永遠不放棄，踏踏實實往前趕路，
總有一日，你會在人生這個牌桌上贏一次大滿貫。

林夏薩摩

後來的釋懷，是我們沒有因為被放棄而心生怨憎。
你可能依然愛著某個人，但這不影響你往前走。

閆曉雨

少女的另一個代名詞是生命力——
天真無畏，野蠻生長。
不要被世俗的刻板印象所定義，大膽去做自己喜歡的事情吧。
少女的生命張力中兼具脆弱與倔強、柔美與肆意。
年輕時我們向這世界探索的每一步，都走在構建自我的路上。

目次

PART 1
界線

如果沒有邊界感，
即使是愛，也會變成消極的東西。

PART 2
學會

亂發脾氣表示能力不足。

PART 3 勇氣

生活都是從遇見自己開始的。

PART 4 底牌

我才是自己的聖誕老人。愛情不是許願池，

PART 1

ABOUT
BOUNDARY
LINE

界線

如果沒有邊界感，
即使是愛，
也會變成消極的東西。

PART ONE ✱

ABOUT BOUNDARY LINE

1

做一個不好惹的人，到底有多爽

每個人都有自己要渡的河，
一直讓別人承受你的垃圾情緒，
是件非常傷感情的事。

—

萬特特

週末約了新書插畫師一起喝咖啡。在聊天過程中，我的手機響起。我看了一眼來電信息，按下了「掛斷」鍵。

「不接嗎？」

「不了，我想專注於眼下的事，不想被打擾。」

我和插畫師相視一笑，繼續聊我們的話題。

來電的人是淺淺——我從小到大的好朋友，而我不接電話的原因，是作為樹洞的我，真的有點累了。

淺淺前些日子和交往三年的男朋友分手了，分手時兩人都說希望對方未來更好。男方刪除了與淺淺的所有聯繫方式，並投入到工作中。淺淺則相反，精神萎靡，鬱鬱寡歡，而我是她傾訴傷心的首選。

每當我們站在局外看著電視劇裡的兜兜轉轉，每當看到他人的感情天秤出現一絲傾斜，我們都會置身高地，想要告訴當事人正確的感情觀，幫他們梳理出愛情裡所有的紋路。

可等到自己成了故事的主角，又會失去當初的理智，只能仰著臉迎接失戀的巴掌。

淺淺開始每天跟我重複一些話：

「我沒辦法正常工作和生活了。」

「我沒有好好生活下去的動力了。」

「這麼多年的感情，他是怎麼輕易放下的？」

「我是不是該去看心理醫生？」

諸如此類。

於是，那幾天我也跟著她憂鬱、緊張。

深夜寫完稿子，洗完澡準備睡覺時，看到她發來的消息，擔心她收不到回覆會更難受，還是會強撐著疲憊的身體回覆她。

但後來我發現，那些負面情緒如細菌一般，順著我安撫的話語蔓延感染到了自己身上。我也會失眠，會回想自己過去的感情經歷，再難過一遍，還會開始喪氣，開始思考我的人生是不是也出了什麼差錯。

二手情緒對人身心的傷害比二手菸還厲害。負面情緒終究不像樂器演奏，指揮家甩一下指揮棒就能讓一切抑鬱和難過消失。

於是，便有了我掛斷淺淺電話這件事。後來我回消息給她：「我在忙自己的事，你先平靜一下自己的情緒吧。」

失戀、失業、失去，每一件都是可以擊中我們的武器，每一支都是能刺穿我們的利劍，被擊中後，你會感到悲傷洶湧而至，難過得無以復加。

說句實在的，翻遍整個世界，你會發現只有自己能治癒自己。這個世界不缺少眼淚，感情的層面杯盤狼藉，不差你這一個殘局。你不是悲情故事的主角，但也不是永遠露半張臉的配角。

不是反對你和他人傾訴，而是要你學會適度。

每個人都有自己要渡的河，一直讓別人承受你的垃圾情緒，是件非常傷感情的事。

同樣是面對生活中的不順意，我想江小姐的處理方式或許值得我們參考。她是我認識的為數不多「人生底色是亮色」的人。

做高級室內設計師的江小姐，有著同樣事業有成的老公、乖巧的孩子，家務有保姆打理。這個讓朋友們羨慕不已的女人，在去年年底遭遇了她人生中的第一次滑鐵盧。

在一次業內大型室內設計比賽中，江小姐的助理不慎遺失了她準備參賽的設計稿，以至於她錯失了拿得名次的機會。更有人從中作梗，在上級面前傳言是江小姐和對手公司有不正當合作，故意丟掉設計稿。上級停了江小姐手頭負責的工作，美其名曰讓她休假。

江小姐感到委屈，卻也知道辯解無力。後來從幾個關係牢靠的同事那裡得知，江小姐剛剛離開，助理就頂替了她的位置。

江小姐這才明白過來，提交了辭職信。

恰好那段時間江小姐的老公事業順風順水、如日中天，應酬自然多了起來，根本無暇照顧她的情緒。婆婆對於在家「休假」的她頗有微詞。

我們幾個朋友原本做好了聽她訴苦、吐槽的準備，誰知幾次小聚，江小姐一如往常地談笑風生、淡定從容，對工作和生活中的事只是簡單說說，沒有一句抱怨，更沒有要大吐苦水的意思。

她調整自己的心態，正好有了充足的時間可以用在烘焙、讀書和照顧孩子上。

因為多年練習瑜伽，常去的那家健身會館請她去兼職當瑜伽老師。她還打算和朋友一起成立一家小公司，還是做自己的老本行——室內設計。

江小姐沒有從人見人愛的玫瑰變成人人避之唯恐不及的仙人掌，依舊明豔美麗，不僅更加光芒四射，而且鈔票也大把大把地多了起來。

想想誰不曾被命運辜負過、被他人欺負過？遇到困難可以傾訴，可以尋求幫助，但不可以長時間地停留在訴苦的階段。

一個人的心要足夠深，才能埋得下一些事。

我越來越欣賞那些不愛訴苦的人，他們才是最勇敢的戰士。

當不如意襲來，他們不會將自己浸泡在沮喪和顧影自憐中，而是提槍上馬，與之廝殺。

所謂成熟，是學會利用自癒力和辨別力面對這個世界。不喜訴苦的人，懂得體面地跟過去告別。

相信我，各人有各人的苦。

透過倒苦水換來的些許安慰，不會讓事情本身有任何改善，或許還會把其他也在跟生活苦苦纏鬥的人，拖進更深的水裡。

沉浸在糟糕狀態裡遲遲不願出來只會讓痛苦延續，大好年華，我們不能肆意浪費頭頂的陽光呀。

＊

忘了是誰說過「走得太近，是一場災難」。

我們每個人都渴望擁有親密無間的關係，但你想想看，那些最後友誼翻船、互刪聯繫管道、不相往來的人，哪一對不是曾經無話不說聊到天亮的？

好朋友之間關係的分崩離析，會比你想像的更加劇烈。過於親密會模糊兩個人之間的分寸和界限，到了關係全面崩盤的時候，被在意的人傷害、誤解的情緒一股腦撲來，沒人能毫不在意、雲淡風輕。因為我們都曾付出過自己的真心，因為我曾認為，你是我沒有血緣關係的親人。

對於朋友，言語上不注意，金錢上沒分寸，行動裡不知尊重，時間久了，誰都會遠離。

對於親人，天天打聽一下家裡的事，分享點小道消息，久而久之對方煩了、厭了、遠了。

對於家人，孩子的小家庭你非要介入，另一半的消息你天天查看，每天黏著他們，沒了自我，最終感情成了隔閡。

人際相處的成敗都在一個「度」字上。懂距離，知分寸，才能長久。這距離和分寸，不是疏遠，也不是冷落，而是唯有這樣，才能尊重自己在意的人，才能安穩妥善地保護好彼此的感情。

和戀人之間的關係很親密，並不意味著彼此就不能有個人空間。要保持適當的距離，鼓勵、認同、尊重，有各自的朋友圈子，和睦愉快地相處。

有些人和朋友關係親近一點，就開始提出各種要求，如果朋友不滿足要求，他就產生抱怨。和這樣的人相處，覺得心累。

真正的友情是純粹的，幫或不幫都是有權利做出的選擇，不能用道德去綁架。

和陌生人之間，更不要試圖窺探對方的隱私，說話留有餘地，不能強人所難，說話不能不看時機。

不必靠太近，各自有各自的生活；不要離太遠，我們的生活圈還有交集。那句老梗「距離產生美」，意思其實是彼此尊重，彼此珍惜，才有好的關係。

＊

我的一位前輩跟我說，如今在她的朋友圈點讚的人，已經徹徹底底換了一批人。

她是個有野心的姑娘，在我們圈內頗有名氣。她去年開始創業，開了一家文化工作室，每月至少去外地出差三四次，忙得腳不沾地。

她分享的每條朋友圈，都會獲得大量點讚和好評，點讚者有當紅暢銷書作家，有出版界大咖，有出版社領導等，偏偏沒有她過去的同學和朋友。

「每次出差，飛機降落滑行的那幾分鐘，鄰座的人都拿著手機報平安，而我只是有些忐忑地等待著合作商的回應。那一刻，我有種說不出來的心情。」她說這些話的時候，眼神裡有些許落寞。

人類群居而生，天生需要陪伴，可為了事業，為了志趣，人總是要往前走，往前走，就免不了要向過去的親密關係一一道別。

我曾經給閨密寫過這樣一段話：

「我希望你能夠在最好的年紀做最好的自己，永遠都能開心，談戀愛開心，單身也開心，不要委屈自己。如果以後的日子裡見不到你，我會記住我們之間曾經發生的那些有趣的事情，等見面時互相傾訴，互相溫暖。

但願我們在各自忙碌的時候都能照顧好自己，過快樂且又充實的生活。想我了，就打電話給我，發簡訊給我，甚至跑來和我一起出去『嗨』一場，都可以。我沒什麼溫柔的話語，但只要你奔向我，我一定會先給你一個超溫暖的擁抱。

不管多久沒見面，我們都還是老樣子，脾氣差，說話聲大，不注意儀表，可是永遠笑得那麼開心。

如果哪天我們之間的關係不像以前那麼好了，也不要惆悵，人之常情罷了。

畢竟各自在不同的地方忙於學業，結識了新的朋友，舊的友情變得疏遠也是常態。人與人之間的關係原本就很淡薄，稍不留意就會可有可無。

一起走過是無比珍貴的經歷，無論怎樣，都覺得很高興認識當初的你。不過我還是希望我們的關係能一直像當初那樣好。」

＊

寫到這兒，我突然想跟你們聊一聊人與人之間的邊界感。

所謂邊界感，就是在任何關係中都懂得適可而止、禮貌退場。邊界並不指和人保持能夠精確到幾尺幾寸的物理距離，更多是指心理上的意義。它無形無相，卻影響著人與人之間的互動與關係的親疏。身體的輪廓將人與人區隔開來，而心理上的邊界則保護我們處在平和、舒適的情緒狀態當中，不受他人情感壓迫。

每個人都有屬於自己的心理邊界。邊界畫出了自我和他人之間的界限，將你和其他人的內心世界區分開來。

然而，在生活中，總有人在我們的內心邊緣瘋狂試探。網路上有一個名為「日常注重邊界感」的討論小組裡，許多網友提出的困惑都和隱私被冒犯有關。

其中有一些討論很有意思。例如有人吐槽，在用手機時，同桌總是盯著自己的螢幕看；還有人提問：「室友的電腦壞了，想借自己的用幾天，應該怎麼拒絕？」「情侶就可以檢查對方的手機嗎？」「父母就可以翻看孩子的日記嗎？」

看到這些提問，我總會長舒一口氣：「看來不只我一個人感到困擾嘛。」

在任何關係中都要有邊界感。我們在人際關係中，如果遇到「自我邊界」被冒犯，應該尊重自己的感受，勇於捍衛自己的「小世界」，這樣才能有利於關係的良好發展。

就像紀伯倫的詩歌裡所描繪的：**「不管你們多麼相依相伴，彼此之間都要留出間隙，讓迴旋於空中的風在間隙中舞動。」**

如果沒有邊界感，即使是愛，也會變成消極的東西。

知道自己想要什麼、能做什麼，擁有完整的自我意識，你才能主宰自己的人生。

認清邊界，尊重邊界，根據不同的關係設置不同標準的距離，是一個成年人應該具備的技能。

可愛語錄

真正的友情是：
不必靠太近，各自有各自的生活；
不要離太遠，我們的生活圈還有交集。

2

願你擁有高跟鞋，也能擁有跑鞋

過好我們眼下的人生，
種好自己的玫瑰，對未來的事，
隨機應變。

—

文長長

「今天的我很開心。」這是過去一年，我對自己說過最多的一句話。

無論是在順遂的日子裡，還是在走得很吃力的逆境時刻，我總是努力告訴自己：「你看，今天發生了什麼什麼有趣的事。整體來說，今天的我還是很開心的。」

不是故作樂觀，也不是要故意表現得開心，現代人的的生活裡，從不缺少波瀾，人生越往後面走，就越容易遇到讓人意難平的事。

但我總覺得，生活是有吸引力法則的。你若積極、美好，便會吸引來更多的積極之物；你若沮喪、愁眉苦臉，生活便會越過越難。

人身上那股正面、向上的態度不能丟。

發掘著生活中的小美好，時刻暗示自己：「今天的我過得很開心。」「今天的生活還是挺順遂的。」「今天的我還是很幸運的。」既然生活對我不薄，我就無須自憐，好好生活，用心工作，去回饋這些美好。做好該做的，故事自會順利講下去。

這是我安撫自己的波動情緒常用的方法。

「今天的我很開心。」今年，也要繼續保持哦。

差不多兩年前，我交過一本書稿。直到半個月前，這本書才終於通過了終審。昨天，編輯把封面、內封、書籤樣圖、明信片圖發給我，讓我確認一下有沒有問題，沒問題的話就可以進廠印刷了。

等的過程久了些，但看到書的雛形那一刻，我對一切都釋懷了。

對於那些因寫不出稿子而焦慮的日夜，對於那些一次次懷疑自己越寫越差的崩潰時刻，對於那段每日想著要寫多少字，整本書稿才能及時寫完的趕稿時光，以及在交稿前很緊張、一次次反問自己：「是不是把此刻你所能表達的最好的東西都表達出來了？」的壓力時刻，都一一釋懷了。就如同緊張地準備一項考試，在考前有焦慮症狀，在考試過程中很害怕自己沒做好，考後又急切地想知道成績，分秒難挨，但所有的情緒在看到自己很滿意的分數後，全都消解了。

在人生「農忙」時節，播種很辛苦，過程中還會充滿各種負面情緒，這些都是正常的。不必懷疑，也不必覺得當下太難熬，你只需記住，在收穫果實那一刻，你對一切都會釋懷。

生活需要努力，也需要等待。去實踐，而後認真等待，做一個等得起的人。

＊

記住，總會有人不喜歡你，這一條適用於所有人。

我也曾在意過不被別人喜歡這件事，甚至一度以為「我只要變得優秀，就會被更多人喜歡」，而後發現這本是一條悖論。

近一年來，越發覺得「被人喜歡」是玄學。

別人喜歡或不喜歡你，是很主觀的行為，可能跟你的性格有關，可能跟你本身的價值有關，可能跟你目前的「職位」有關，可能跟眼緣有關，可能跟你的情商有關，甚至可能跟你的家庭背景有關。

有時，你因為優秀被人欣賞；有時，你恰恰會因為優秀而被針對。有人欣賞你本身的價值與你的努力，但也有人偏喜歡看所謂的原生家庭。在後者眼中，你再努力，你再優秀，你再好，出生在一個普通的家庭就是不好，就是你的缺點。

不被喜歡這件事，跟我們是誰有關，但有時跟我們本身好壞也沒多大關係。

近來，我越發覺得沒必要在意「成為一個被人喜歡的人」。別人是否喜歡自己，真的沒那麼重要。落落大方，坦坦蕩蕩，尊重對方，做力所能及的事，如若還是不被喜歡，那也沒關係。

反正人生那麼長，我們很努力，也很有能力，即便不被一些人喜歡又怎樣？我會想辦法周全自己的人生，而且以後的我肯定過得更好。

＊

生活中應驗墨菲定律的時刻真多。寫稿壓力最大的那段時間，往往學業壓力也最大，生活中各種雜七雜八要處理的事項也最多。

每每計畫好做一件事，就總會發生些讓我沒辦法按預期進行的事，計畫被推遲，或被打亂。

生活裡充滿了計畫趕不上變化的事。

我們要做的是，安慰自己好事多磨，一切事情的發生自有它的道理。

接受所發生的，而後在力所能及的範圍內，讓我們可控制的那部分生活儘量朝著我們想要的方向發展。

變化並不可怕，可怕的是因為變化亂了陣腳。流動本身是好事，有流動，說明有前進的空間。帶著穩穩當當的心態，扎扎實實地應對變化，那些當初看起來不好的變化也能夠成為「好事多磨」中的好事「催化劑」。

事與願違本身並不值得歌頌，但若能將遺憾變成另一種美好，也挺不錯的。

*

當我交完十萬字書稿之後，給自己放了幾天假，美其名曰「犒賞自己」，不計較體重，吃吃喝喝，玩玩樂樂，但那幾天時常覺得不安。

某日早晨起床，鼓起勇氣上秤，胖了好幾斤。瞬間心情低落到極點，於是開始恢復規律生活：每日六點半起床，每天運動一小時，控制飲食，拒絕垃圾食品，儘量吃得健康……活得極其認真。

累倒是累了些，但規律生活後，清楚自己每日在正常地推進工作、學業，體重也在可控範圍內，睡得極其安穩，內心很平靜。

我終於能承認，就連體重失控這件事都會讓我難受很久，更何況人生別的事呢？我是那種對自己的生活有著強烈控制欲的人，我希望生活裡的一切都儘量在我的可控範圍內，躺平，這輩子都不可能的。

早早清楚這一點也好，以後的人生，壓力也好，焦慮也罷，都能勇敢應對了。

畢竟毫無退路了，這是我自己想要的生活。清楚自己想要什麼很重要，對你們來說也是如此。

有段時間我特別忙，每日起床後隨便套一件衣服，不考慮任何搭配，怎麼舒服怎麼來。簡單洗漱完，就開始對著電腦敲字，沒有多餘的精力和心思打扮自己。

日復一日，日日如此。

有一天走在路上，迎面走來妝容精緻、穿衣好看的女孩子們。對比一下，我一身寬鬆運動服，圖舒服，穿的也是運動鞋，背著普通的雙肩包，看起來多少有些灰頭土臉。有那麼一瞬間，挺難過的。

但是，蠻奇妙的，相比二十歲時的難過，這次難過時間變短了很多。我很快振作起來，告訴自己：很多人想要打扮精緻，但是此時的我暫時不需要。我若打扮，也能穿著優雅且好看，但是，此時我最需要的是高效且高品質地完成當下的工作任務，而不是花費時間打扮。

在活得漂亮這件事上，我終於和自己和解了。我不再要求自己時刻精神抖擻，也不必時時精緻。允許自己有時不為漂亮，只為舒服，只為方便穿著。允許自己喜歡高跟鞋，但也允許自己喜歡跑鞋。允許自己活成像美顏濾鏡裡顯示的美好模樣，但也允許自己偶爾狼狽與灰頭土臉。

你可以追求精緻與美好，但不必要求自己做一個時刻精緻與美好的女孩。願你擁有高跟鞋，也擁有跑鞋，能優雅前行，也能大步往前跑，不介意一路荊棘。

＊

在看電視劇《我的天才女友》第二季時，覺得女性要多讀書。上了大學的埃萊娜與輟學的莉拉的人生差異還是很大的。

看第三季時，覺得女性讀再多書，再優秀，在婚姻中該面對的困境與磨難也不會少。

不論結婚對象是誰，不論對方的條件多好，也不論對方的學識多高，女性在婚姻裡面對的困境總是逃不掉的。感情裡的不安感，關係裡的妥協、付出，自身的消耗，做出的犧牲，都差異不大。痛苦面前，人人平等，只是多少的問題。我也曾想過：到底得是如何能幹、睿智的女性，到底得具有怎樣美好的品質，才能真正經營好感情這門人生課題？

後來索性也不想了。從學術的角度來說，這是整個女性群體的身份困境，不是哪個人、哪件事就能輕易改變的。

這個問題本身就沒答案。

誰都沒辦法說出一個百分之百正確的答案來。

我也曾有那麼一段時間為感情焦慮過，總覺事物易變，且事物變化的形態千奇百怪、無法預知。那麼該如何應對未知的這份不安？

在想這個問題時，我本來就很不安。一個不安的人，要如何回答一個關於不安的問題？

某日跟朋友聊天，說起這種不安。朋友只氣定神閒地說了一句：「這世上，大多數女性都是不安的。」放眼望去，路人形形色色，表面看起來再淡定，心裡總有感到不安的事。

我們無法預知未來，但能確認的是，即便帶著不安，也能好好生活。過好眼下的人生，種好自己的玫瑰，對未來的事，隨機應變。

最重要的是，在不安中成長起來的女性，內心肯定足夠強大。

*

也許未來有很多東西會改變，有些心境會消失，有些狀態會迷失，還有些瓶頸無法突破。也許有一天，遇到一些特別難過的事，在那個時刻，前面說過的很多話我會遺忘。

生活的長河永遠在奔赴前方，無論回看歷史，還是放眼現在，這一路上，總有人堅強，總有人頑強，也總有人靠著倔強改變他的人生。

一切都會發生，但一切也可改變。

事物在發生初始不一定利於我們，但想想辦法，所有後續的發展將會有利於我們，這也是可以的。

3

奢侈品不是「自我」必要的配件

很多時候我們買的不是物品本身，
買的是「更好的自己」。

—

萬特特

對於當下許多年輕人來說，有一種快樂來自消費，有一種焦慮也來自消費。一邊被網路平臺各種行銷模式「瘋狂種草」，一邊又面對著滿屋囤積的物品尋求「斷捨離」。

在這個物質消費極為便捷的時代，人的「物慾」在不知不覺中被放大，也會不自覺陷入消費主義的漩渦，盲目地在物品和身分地位間劃上等號。

我的同學珍珍畢業後去了大城市。

因為珍珍不願意一輩子待這個走路五分鐘就會碰見熟人的小城市，做著爸媽、親戚眼中安穩而輕鬆的文職工作，和同事們話家常，等青春如杯中茶葉一般泡在水裡，然後被毫不在意地潑掉。

對於一個小城市的姑娘，剛到公司時，她總有一些說不出的自卑，或許是出生地本來就物質貧乏，談不上什麼時尚，於是也沒有刻意追求過什麼。

實習第一天，她特意換上了自己認為最好看的衣服，白色翻領襯衫，棉麻黑色短裙，配一雙中跟涼鞋。可來到辦公室的那一刻，珍珍看著漂亮時髦的同事，心涼了半截。白襯衫寡淡無味，棉麻短裙略顯土氣，涼鞋也是舊款。

珍珍也是從那時才知道，衣服能短到露出肚臍和腰線，頭髮染成紅色張揚又新潮，指甲居然可以做成珠光細閃的。

原來大城市這邊冬天可以只穿一雙薄薄的襪子，奢侈品看板比公車還要大，口紅居然還有限量款，一只包包可以是六位數。

之後，珍珍有了新的英文名，Jenny。

*

那時候所有廣告和行銷都在傳達一種概念，就是女孩子要捨得給自己花錢，這才是對自己好一點，才是愛自己。

珍珍對此深信不疑。她把大學時期買的衣服打包好，塞進櫃子底下，拿出自己攢下的一萬塊錢，在導購的推薦下，買了一條腰身剪裁精良的洋裝，然後又用剩下的錢染了頭髮和做了指甲，還買了一支睫毛膏。

回到住處，珍珍化上淡妝，換上衣服。看著鏡子裡的自己好像變了一個人，原來自己還可以是這個樣子，而且，花錢居然是一件很爽的事。

晚上，珍珍偷偷查詢了信用卡的餘額，四位數不知不覺就跳到了三位數，確實有些心疼，可看著身旁的同事，覺得自己和她變得挺像。好像也沒有那麼心疼了。

畢竟，在沒有什麼其他成就感和滿足感的時候，漂亮的衣服飾品也是一種安慰。

漸漸，珍珍也體會到了被矚目的感覺，她解鎖了一個又一個價值不菲的名牌。劉珍珍把每月的薪水一大半拿來為自己購置「裝備」，一小半拿來吃飯，更別提存款了。

然而奇怪的是，昂貴的衣服配飾和包包，並沒有給劉珍珍帶來快樂，反而讓她心慌。她心裡想：「不是說穿著漂亮的衣服，走到哪都氣場十足，什麼都不會怕，怎麼自己卻變得那麼窘迫呢？」那件價格快接近四位數的風衣穿在自己身上，為什麼卻那麼重，重到自己有些抬不起頭。

劉珍珍開始懷疑，自己是否走錯了戰場。

我們都體驗過衝動消費能讓人快樂，心理學稱之為購物療法，下單、收到快遞之前挺快樂，但這種快感持續不了多久，這叫快樂減退。得到一件東西的快樂是短暫的，期盼、籌畫購物的快樂卻比較持久。

人有慾望是合理的，但是慾望不能透支，慾望被透支得越徹底，越容易失去自我，生活不會變得精緻，反而過得一場糊塗。

特別想花錢的時候，其實並不是為了得到某個東西，只是想藉由付錢這個瞬間得到快樂，來獲得支配感，這種情況下就會買到很多非必需品和性價比低的東西，很多快遞拆開後再也沒看過第二眼。

*

轉眼到了年底，珍珍在一個深夜突然發訊息向我借兩千塊，理由是，買回家過年的機票。

「好，但是珍珍，你這樣下去真的不行。」

「嗯嗯，我知道。」

她這才開始思考，目前的自己是否真的需要如此昂貴的生活，用饑腸轆轆、入不敷出來換得華服盛裝。

之後，她將購物車裡的商品一件一件刪掉。

再見面時，珍珍跟我說，那次回家她發現她的媽媽在用的幾款包，有她學生時代用的帆布包，有旅行社發的手提袋，對比渾身 Logo 的自己，心中五味雜陳。

珍珍試圖跟她媽媽溝通：「可以買貴一點的包包，更體面些。」

而媽媽卻說：「沒必要，能裝東西就好了。」

媽媽不懂名牌，但她知道人不應該被物品定義。

現在的珍珍，雖然化妝台上的化妝品少了一些，口紅也不是最新的色號，衣櫃裡的衣服不再更新，可是卡裡餘額開始每月增加，她忽然覺得底氣十足，因為自己不再是一個可憐兮兮地「月光族」，雖然偶爾也會給自己買點小禮物鼓勵自己，但至少她開始控制自己的物慾，她能說服自己，買什麼，不買什麼。

珍珍獲得從未有過的踏實感。

其實消費多寡沒什麼值得炫耀的，為自己存一筆錢，才是更實在的底氣。不在於錢的多少，而在於自己掌握了自己的控制權，而不是被閃亮的商品迷了眼睛，然後做個奴隸。

＊

我也會想起過去幾年的自己，和她一樣，被消費主義綁架過。看到時髦女孩背著名貴的包，路過那些看了菜單就不敢走進去的餐廳，這些我踮腳也未必夠到的東西，有人輕而易舉就可以擁有。

我被這些物質誘惑著，我想要賺錢，想聰明有趣，想要身上有光，想要自己的作品可以暢銷。會覺得做不到這些，就不會被尊重，不會被認可，也不會被好好對待。

那時的我，把賺到的錢大部分用來包裝自己，一萬塊錢的包我省吃儉用也要買一個，咬咬牙去吃一千元的晚餐，去景點沒有請導遊講解歷史，而是找了一小時千元元的跟拍攝影，只為拍照修圖發在社群。

直到有一天我發現，我也許擁有與別人的同款包，卻不能擁有同款的資源。我們坐在一樣的餐廳，並不意味我們有相同的消費能力。

當有一天，潮水褪去，那些包包、飾品和美照，能成為我抵禦風險的鎧甲嗎？

是的，不能。

女孩子的安全感和底氣不完全來自於消費，如我一般出身普通的人，是要靠自己積攢而來的。

年輕人最好的「理財方式」是對未來認真的規畫。以能力和需求為半徑，規畫一個有可能實現的圓，讓錢為你的真正需求服務。

後來，我把有限的閒錢用來知識付費，把發社群炫耀立人設的時間，用來去嘗試和摸索新的職業分支。我更加務實地攢錢和理財，只為了讓自己和家人的生活得到晉級改善。

我們買很多東西，根本就不是必需品，而是為了構建一種完整生活方式的實驗品。大部分我們買的不是物品本身，買的是「更好的自己」。

靠自己的能力滿足自己的小小虛榮心，是一件挺有成就感的事情。錢本身是貨幣，要是拿來奴役了自己，便是本末倒置。它可換得尊嚴，也能讓人狼狽。

再昂貴的物件都不是「自我」的某一種配件，縱然渾身上下遍布標注了不菲價格的名牌，也未必能體現靈魂的價值。

要消費，但不要消費主義。

我們不妨重新審視自己和物品之間的關係，真正擁有對物品和人生的掌控權。

可愛語錄

為自己存一筆錢，
才是更實在的底氣。

4

喜歡玫瑰，不代表你要成為玫瑰

選擇本身不酷，酷的是
我們能借此找到你的心之所向。
熱愛本身不酷，酷的是
追逐星星同時活成自己的太陽。

—

閆曉雨

在二十五歲以前，我一直想做一個「酷女孩」。

可能從小生長的環境溫吞，雖算不得乖乖女，但也沒真正體驗過一次瘋狂的青春。

內心裡，總有一種隱祕的嚮往。

成為那種大膽、放肆、敢愛敢恨的俠女。

我想要的是特別，是能夠被人記住。

所以有段時間，我陷入一種女性身分的迷茫感，我開始討厭自己的「娃娃音」，想要丟掉衣櫥裡那些五顏六色的裙子，換成 oversize 衛衣褲，就連在網路貼文發表情包，也會刻意減少頻率，覺得那樣不夠高冷。

當時的我，認為酷就是特立獨行，就是要和別人不一樣。

如今想來真是幼稚的可愛。

其實這種後青春期的執念，不過是我自己對活力、速度、敏感度、事物好奇心的一種眷戀，拚命想要延長的少年時代，想要彌補自己從未「在人群中成為焦點」的遺憾。小女孩的心思總是奇奇怪怪。

有趣的是，因為懷抱著這樣的執念，讓我擁有了許多人生奇葩的經歷。

＊

有一年，我和好友小趙去峇厘島旅行。

小趙是一個英姿颯爽的女孩，喜歡運動，健身，旅行途中一直帶著我挑戰很多新奇事物，比如滑翔翼，比如坐船出海。

我就像一匹脫韁野馬奔跑在島嶼的盛夏，大大咧咧的性子，整個人曬成小麥膚色，和小趙坐在海邊看日落，吃水果和烤肉混合做的東南亞風情糊狀食物。

看著天邊一點點墜下去的夕陽，身邊傳來女孩爽朗的笑聲：「曉雨，明天要不要和我一起試著去潛水？」

「啊？」

我愣了一下。

從小就怕水的我從來沒有想過去潛水，但對於未知領域的好奇，又像一串風鈴，不停敲打著心門。想到近些年社交媒體上好多女孩都去學潛水，她們在海底拍的照片，是那樣的帥氣。我猶豫了一下子，還是點點頭。決定去體驗一次。

畢竟這是「酷女孩們」喜歡的運動。

次日，懵懂的我就跟著朋友去學習潛水，教練是個印尼本地人，不擅長英語，憑著旁邊的助教翻譯，一點點細心教導我們。

看著身邊其他人應付自如的樣子，我猜測應該不會太難。但真正潛入水下，我的耳朵逐漸發出轟鳴聲，由水壓引起的耳膜酸脹、疼痛如浪潮般一股股衝擊著驚慌失措的我。

我整個人非常不舒服。

一瞬間大腦變得空白，腿不會蹬了，嘴巴也無法說話。只好不停用手勢招呼給教練看。教練看到後及時把我帶上了岸。

上岸後由於整個人還沒有從那種深水恐懼中走出，坐在船的甲板上瑟瑟發抖，朋友和教練拿了瓶水，朝我走來。
她拍拍我的頭說：「每個人的身體適應能力不同，沒事啦！」然後她很耐心的和我說，這一路旅行，和我相處甚是愉快。我喜歡分享，喜歡拍照，還樂於嘗試新鮮事物。
和我在一起感覺很放鬆。

聊到潛水時，她不好意思笑笑：「都怪我拉著你來。」
我揮揮手：「不是的，是我太想成為一個酷酷的女孩了。」
「我覺得潛水是一件很酷的事情。」
我把自己內心真實的想法告訴她，沒想到朋友哈哈大笑。

每個人喜歡的東西不同，酷的定義從來不是一個人的外表，更不能把「運動」等於「酷」，真正的酷不是你去潛水，而是因為你喜歡潛水而去堅持克服痛苦。

選擇本身不酷，酷的是我們能藉此找到你的心之所向。

熱愛本身不酷，酷的是追逐星星同時活成自己的太陽。所謂的酷，並不是要給演給別人看的，而是實實在在，有為自己喜歡的人生去拚盡全力。你不需要隨波逐流，你只需要做你自己。

晴天讀書，雨天寫作，摩挲生活，忠於內心。

這也是一種酷。

＊

在經歷了很多烏龍事件以後，我終於明白，我理想中的那種酷，其實只是一種表象的特立獨行，是用於證明自己存在的一種方式。是魯莽的，是幼稚的，是和初中生嚮往燙捲髮、穿高跟鞋一樣的年輕憧憬。

那只是一種對於未知世界的試探。

真正的「酷女孩」，她們從不會為了討好別人做事，也並不在意外界的回饋，她們的特立獨行來自於對自身的瞭解，而不是像我那樣，橫衝直撞偽

裝成一個大人。

從那之後，我就很少去刻意的做什麼了。

我開始真正接納自己。接納我的溫吞，接納我的平凡。接納我的內向，接納我的社恐。接納我就是說話聲音聽起來嗲嗲的。接納我就是一個身體素質一般的女性。接納我就是喜歡穿裙子，不喜歡褲子。接納我的小小虛榮心。接納我就算不完美，但依然過得很快樂的現狀。

我不再羨慕人群中那些一眼望去就很吸引人的女孩。我知道，她們有她們的魅力。各人有各人的苦惱。我懷抱著欣賞和共情，和優秀的女孩們成為朋友的同時，我亦深知，自己有自己要走的那條路。

喜歡玫瑰，並不代表你也要成為玫瑰。

花開百朵，各有千秋。

待到來日，沁香滿園。

我開始把注意力集中到自己身上，不再去關注別人是怎麼生活的。

生活無聊的時候，我不會再單純靠玩樂來填補自己的空虛，而是靜下心去創作；遇到偏激的批評，並不著急解釋，而是堅持做自己喜歡的事情；有時候工作到很晚，很累，整個人攤在床上，聽著馬路上刺耳的鳴笛聲，會產生片刻的迷茫感，但睡覺醒來看到窗外的陽光依然覺得欣慰。

我度過一段很長的獨處時間，最近兩年，很少再沉溺於社交媒體，所有的分享回歸記錄本身，再也沒有過那種暗地裡想要刻意吸引別人注意力的時候。

我每天看書寫字，自己做飯，以赤誠的真實模樣，對話生命中出現的每個人。

和好朋友們在夏夜裡吹著晚風，談天說地。

在讀書會裡帶著天南地北的朋友，交換故事。

不知不覺也吸引了很多不同類型的人來到我身邊。

我的世界比從前更遼闊。

前幾天有個女孩對我說說：「曉雨，我覺得你很酷哎。」

我特別驚訝。

這還是我長這麼大，第一次聽到的評價。

雖然曾無數次幻想過自己能夠成為一個「酷女孩」，但真正被這麼說，反而不是驚喜，而是好奇。好奇自己哪裡稱得上酷？

對方很坦誠：「我覺得，你有一直在做自己喜歡的事，這件事本身就很酷呀。」

酷的本質，是一種想像力。是對平庸生活的尖銳探索。是我們普通女孩身處這紛繁人世，你沒有選擇糊里糊塗過一生，而是有思考、有意識的去選擇了一條自己想走的路。

儘管這條路，在許多人眼裡崎嶇不平，但只有你自己懂那種披荊斬棘的快感。

這個女孩寫了很長一大段話，對我說她的困惑，也表示出她從我身上汲取到的信念感。對於喜歡的人生絕不輕言放棄的念頭。我自己都沒有想到過，那些文章裡的故事，那些隨手記錄的表達，竟然可以給另一個人帶來一絲絲光亮。

或許，這才是我曾經想要的酷女孩的樣子吧。

她說：「我能感覺出，你是一個超級有底氣的人。」

我沒有回答。

但我十分感謝，是她的這幾句話讓我看清了時間的答案。

原來我曾經所嚮往的那種「酷女孩」，我喜歡她們並不是因為她們特立獨行，有著小眾的愛好、跌宕起伏的人生體驗——相反地，是因為經歷了這一切，我們帶著一切故事塑造的總和，成為當下鮮活的自己。

我嚮往的，是那個能夠痛痛快快做自己的人啊。

是那個沉浸在熱愛裡的自己。

是那個走了很多彎路，但沒有回頭放棄的自己。
是那個帶著滿身風雨，依然選擇為他人撐傘的純善之人。

從這天開始，我真正意義上，放棄做一個「酷女孩」了，因為我知道，我有更重要的使命。那就是，做一個普通的快樂女孩，把生活的主動權掌握在自己手裡。

是因為經歷了這一切，
我們帶著一切故事塑造的總和，
成為當下鮮活的自己。

可愛語錄

5

沉得住氣，是最好的底氣

只要永遠不放棄，
踏踏實實往前趕著路，
總有一日，你總會在人生這個牌桌
上贏一次大滿貫。

—

文長長

前兩年，經常收到年輕女孩發來的感情求助私訊。眾多私訊裡，時不時總會夾雜類似「對喜歡的人發消息，對方不回我怎麼辦？」「很喜歡一個人，每次都是我主動，但對方不怎麼主動找我聊天怎麼辦」「跟一個人曖昧許久，但對方遲遲不推進下一步怎麼辦」……。

面對這些私訊，我一般這麼回覆：「要嘛就別怕丟臉，勇敢、大方去主動，做那個破冰的人；要嘛就沉穩點，做那個沉得住氣，等得起結果的人。」

大多數人在感情裡是豁不出去的，所以往往她們還會繼續問一句：「那我要如何做一個沉得住氣的人？」

我答：「管他每天開心還是不開心，回覆消息還是不回，管他有正面回饋還是負面回饋，我自寵辱不驚，該看書就看書，該寫字時好好寫字，該搞事業時也別鬆懈半分。」

總之一句話，過好自己原本生活。

你來，或是不來，我都能繼續過好我的人生。這種沉得住氣的心境適用於感情，也適用於生活、工作。

＊

我以前也是那種總急著跟生活要一個答案的人。

一旦喜歡上一個人，就馬上想要一個結果。曖昧初期，守著手機等對方消息，對方發消息來了就開心，對方不發消息就去一直猜對方為什麼不來找我。一顆心撲在對方身上，很焦急，也很不快樂。人家是快快樂樂搞曖昧，我一動心就煎熬。

一旦做一件事，就想很快看到結果。就像剛開始寫作那陣子，給出版社編輯信箱投稿，剛發過去，就巴不得馬上得到結果。參加完某場考試，剛交完卷，就迫切想快點拿到考試成績。認真運動一天，巴不得第二天就見成效。一旦要開始排不知道還要多久的隊，輕則焦躁不安，重則覺得自己運氣真差，竟然還需要排這麼長時間的隊。

那時的我，真的太急躁了。

為此，也吃了不少急躁的虧。在那些需要等待的著急日子裡，我每天鬱鬱寡歡，浪費自己的時間與精力，猜測著那個如今跟我八竿子打不著的男人的心思，逢人就傾訴自己這段看不到結果的曖昧關係。

生活裡也如是，一點就炸，一激就怒。完成某件事的過程，很辛苦；等待某件事結果的過程，過分焦灼，過分緊張；若某件事結果不如意，很難過。原來可以很開心度過的生活，硬生生被曾經的我過成焦慮與緊張的常態。每天活得很累。

萬事萬物有其發展的自然規律，急也沒用，除了讓自己怒火攻心，並不會對事物發展有任何其他好處。

到頭來發現，等不起結果，沉不住氣，最後傷的還是自己。

得自己吃過虧，栽過跟頭，而後才能慢慢明白，人生不能這般急躁地活。得學會等，也要敢等。

*

如何學會等？

簡單來說就一句話：敢豁得出去，以及有底氣從頭再來。

那個你喜歡的但並不會主動的人，如果你真的很喜歡，那就勇敢豁出去去爭取、去表白，做好受傷的準備。如若你並沒那麼喜歡對方，也並不願意主動，那便老老實實等著。有什麼好著急的，最壞的結果不就是你們一輩子就只能如此這般了，現在你們就是這種狀態，你不也生活得好好的。

心態放好點，他來找你，你開心就理一下，你不開心就晾著。你的人生又不是只有他，每天找點能讓自己開始的事做做，一樣快快樂樂的。怕什麼沒有愛人，好好搞事業、搞自己的人生，大不了就不喜歡他了啊，老娘這麼優秀，以後換個人照樣生活美好。

這種等得起的心態，在生活、工作中的應用是：在做一件事的過程中，認認真真，踏踏實實，盡自己最大努力去做。做完後，對結果就坦然一點，不必焦灼。

擁有好結果，就去慶祝；結果不如意，也沒關係，總結經驗與不足，承認自己這次輸了也不是多麼丟人的事。輸，不可怕，輸了一次第二次、第三次再贏回來，依舊是贏家。何必過分擔憂，甚至丟了心態。得不償失。

人生那麼長，只要那股不服輸的意志不移，只要肯繼續努力，總有能替自己贏回來的機會。一年不行，那就三年，五年，甚至是十年。即便最後花了十年時間才做成一件事，那也是一種厲害啊。

我們不怕輸，因為我們輸得起。不管我們當下怎麼輸，我們最後總會替自己加倍贏回來的。

＊

我之前寫過一篇專欄，在文章裡寫要豁達、乾脆去追自己想要，也老老實實認栽，要輸得起時，總有位網友在文末留言：「說得容易，說誰不會，但真的有人能做到這些嗎？」

每每看到這些留言，我都特想狠回一句：「沒事，人只能說自己認知範圍內的話。因為你沒有做到過這些，你身邊也沒人能做到過這些，你的認知僅僅如此，所以你覺得這世上沒人能活成那樣。」

這世上，真有人能活成那般沉得住氣且乾脆的模樣嗎？

我覺得是有的。說句自戀的話，自覺我也是那種豁得出去、也能沉得住氣的人。

二十歲那年，我正在讀大三，自己去網上搜了一個寫作網站，在註冊帳號介面花了三十秒想到了「文長長」這個名字，填上去，並註冊成功了。而後就開始在上面寫作。

寫作三個月時，有幾家出版公司找我約稿出書。記得很清楚，當時跟家人說有人找我出書時，他們還說我是不是遇到騙子了，還讓我別聽他們說的話。

但，我當時想法很簡單：「我有什麼好被騙的，又不是我自己花錢出書，是他們找我出書還給我稿費。而且就算遇到騙子，那也就是騙我十多萬字稿費，我當時又沒啥名氣，要就給他們，這有多大回事」。於是，我自己去跟出版公司簽了出版合約。

也是因為當時這個舉動，才有了此刻的我。

兩年前，我遵從父母意願，去考離家近的公司。考上了，但是我不想去。在所有人開開心心入職那天，我手寫了一份放棄書按上手印交上去了。在身邊很多人等著我承認自己選錯後悔了，想來給我上一課時，我又以專業第一名的成績考上了研究生。

而且，我還在研究生考試備考期間，簽約了一本書稿。

身邊很多人都覺得我是那種關鍵時刻膽子很大，敢爭取，也敢豁出去的人。他們問過我，在那些時刻怕過嗎，難道就沒擔心過自己會搞砸嗎？我每次都開著玩笑說：我可慫了呢，在當時我也害怕得要命。

但，我總覺著自己是做大事的人，每逢大事要有靜氣，不能急，也不能慌。要大膽去選，選定了，就拚了命去爭取、去堅持。即便再慫，也要咬著牙堅持下來。

每一次，我都在拿我的努力、勤奮、勇敢去跟生活賭。坐上生活那張牌桌，我把那顆緊張的心藏在內心深處，我帶著all in的決心，反覆告訴自己「此時玩的就是心態的遊戲，氣勢不能輸。只要裝得夠像，只要假裝自己手上的牌足夠多、足夠大、足夠吸引人，對方就能被我唬住。誰先著急，誰先亂了，誰就輸了。我要做的就是成為那個不能先著急、先自亂陣腳的人」。

這是我一直以來的心態哲學。

我並非生來心態就好，我只是一直反覆提醒自己「不能急，我要做那個擁有好心態，能贏到最後的人」。

往往不著急贏的人，才能贏到最後。而我要做的就是成為那個不能先著急的人。就這麼一直走到了現在。

⁂

這是一個不喜歡「雞湯」的時代，我每次在文章裡提到堅持、努力、認真的重要性，總有個別網友在下面評論一句：「又是一篇雞湯滿滿的文章。」

我不知道，是否在他眼中「堅持」、「努力」、「沉得住氣」是充滿貶義與不屑的詞語。

但，我時常覺著，人間謀生，我們很需要堅持、努力這些品質。

人生是一個長的戰線，並非我們年輕時努力個幾年，做出點成績，而後就可以輕鬆躺平；也並非我們年輕時不順意，栽了幾個跟頭，活得渾渾噩噩一些，這輩子就永遠只能這樣了。

不，不是這樣的。

生活的遊戲規則是，誰都不能一勞永逸。

此時贏了，也不必得意，人生還長著呢，暫時的贏不能保你一世繁華。此時輸了，也沒關係，人生也還長。只要永遠不放棄，踏踏實實往前趕著路，那麼總有一日，你總會在人生這個牌桌上贏一次大滿貫。

誰知道以後會發生什麼呢。

懷抱希望，沉住氣，等下去，努力下去，一切可期。

6

別太早活得像個中年人，人生多無趣呀

後浪不需要知道自己該做什麼
真正需要被提醒「你還年輕」的，
永遠都只是前浪。

—

陶瓷兔子

你是在哪一瞬間開始覺得自己不再年輕了呢？

我是在二十八歲的某一天，被公司的小朋友拉去參加一個聚會的時候，忽然有了這種感覺。

我記得她們聊的是某部熱播的劇，從劇聊到明星，幾個二十歲小姑娘又是笑又是尖叫，聊的不亦樂乎。

我理解不了她們的熱情，卻也不好意思倚老賣老的讓她們遷就我，只好機械的抓起面前的瓜子強迫自己集中精力。

她們說了什麼，又因為什麼在尖叫，我壓根沒有印象，唯一記得的，是我在那一個小時之內吃掉了平時一年份的瓜子。

終於等到聚會結束，拉我去的小姑娘跟我同路回家，大概是看出了我興致缺缺，她在一個紅綠燈的當口問我：姐姐，你是不是不追星啊，你有喜歡的愛豆嗎？

我搖頭，一邊回訊息一邊順口回答：「有追星的閒功夫，還不如把精力放在自己身上，想想怎麼把事情做的更好。」

「好像我媽的話哦，她也是這麼說我」，我從後視鏡裡，看到她悄悄吐了下舌頭。

＊

我是在那一刻忽然發現年輕這兩個字已經距離我很遠了。不是有誰說過嗎，一個人開始變老，就是從只關心對自己有用的東西開始的。

整個世界被簡單粗暴的劃分為「跟我有關」和「跟我無關」，慢慢對那些鮮活的，遙遠的東西失去興趣。

偏見從來不是老年的產物，但隨著年齡的增長，人的確會對自己不擅長、不了解，或者不感興趣的東西更加抗拒。不再敢像年輕人一樣，坦率的暴露自己的無知，只好用傲慢來遮掩自己的脆弱。

不管你願不願意承認，時代都在進步，那些比你年輕的人，可以比你活得更加輕鬆，豐富和精彩。你可以選擇鄙夷他們沒房沒車，只要一句「漲房租」，就能逼死他們的詩和遠方。你也可以嘲笑他們不務正業，不趁著年輕好好去工作，玩的都是什麼看不懂的邪魔歪道。

但不管你怎麼看，你是否期待，這就是未來的樣子。

欣然接受或者強烈反對，跟年輕的後浪都沒有關係。真正有關係的是當時代的浪潮湧來時，你這朵前浪還會不會因為故步自封，被拍死在沙灘上。

永遠懷著對世界的好奇，對年輕的好奇，強迫自己從柴米油鹽醬醋茶，獎金股票ＰＰＴ裡分出一隻眼睛，去看看那個跟自己無關的世界。

對世界的好奇和寬容與他人無關，但它可能是我們攀住年輕尾巴的最後一個關鍵。

＊

另一個年輕的標誌，是對自己保有耐心。

這種耐心是可以慢下來去做一件事，打磨很多複雜而又枯燥的細節，而不是追求進度有沒有變化的心態。

我有時候覺得，自己這幾年變得越來越著急了，年後在家閒的無聊，買了一只手鼓，直接從網上找了一首完整曲子的教程，用了一天的時間掌握了節奏，頓時覺得成就感爆棚。

直到前幾天小侄女來我家暫住，看到手鼓愛不釋手，每天上完網課第一件事就是去練習打鼓，很耐心的從最簡單的兩拍開始練，孜孜不倦的練習了好幾個小時。

她是用了三個禮拜的時間，才學會了我第一天就學會的那首歌。可我只是會了那首歌，她卻是真的懂了鼓。

我看著她對著影片練了一遍又一遍的時候，常常會對自己的急功近利感到慚愧。

我已經無法像她那樣耐心的去做一件事了，相比起她能從過程本身獲得快樂的能力，我的成就源泉已經變成直接去終點打卡，只要看不到進度有明顯的推進，就會立刻滋生對自己的懷疑和焦慮。

我也見過很多像我一樣——沒有耐心的同齡人。

轉彎時前車慢一秒就不停的鳴笛，交談時總喜歡打斷對方，看的書永遠停在前二十頁，以及對一切需要恒久付出的東西嗤之以鼻。

從這個意義上來說，耐心不是我們對待世界的態度，而是我們對待自己的態度。

相信自己有時間，相信自己能從細節裡獲取快樂，相信慢慢來也不會死。每個人都會老去，但擁有好奇和耐心的人，才能享受未來到來。

7

先讓自己滿足，才能從容與人相處

把愛看的遼闊，
人的世界就會寬廣，
不會只盯著一個結果
來衡量人生的得失，
比如有沒有結婚，
有沒有生孩子。

—

韋娜

一個恐婚恐育的讀者，她發給我看一個平台頗高討論的話題——結婚後，兩個人的相愛不再重要。日常且瑣碎的生活，會磨平一切稜角，包括生活的情趣，人會日益麻木。

我看到下面討論者很多，悲觀的言論居多，樂觀的很少。

她問我作為已婚已育的女人，是怎樣看待這個現象？

我想來想去，每個人的生活皆不相同，愛也不相同，很難用同一個標準、答案來概括。生命的可貴在於它的豐富性，人最大的成長，在於尊重自然、人性、生活的豐富性。但不管外在的世界如何變幻，愛一直在，我們需要它，有時看不到愛，是因為它在各個階段有不同的表現方式。

歲月之所以特別珍貴，在於它除了給我們獨特的經歷，還給予了我們智慧。往前走一步，認知還停留在昨日，一定會痛苦的，因為承受不住當下的阻力與考驗。

許多成長是內在的，隱藏在靈魂深處的，愛一定是人與人之間最珍貴的紐帶，更多的成就和體驗，其實都源自於愛。

在我心中，愛是一種流動的能量。

無論處於哪種生命階段，沒有愛的滋養，人很快就枯萎了。而且人不要局限地只看男女關係的愛，愛的範圍也很廣泛，友情的愛，讀書滋養人心的愛，去幫助陌生人的博愛等等。

把愛看的遼闊，人的世界就會寬廣，就不會只盯著一個結果來衡量人生的得失。比如有沒有結婚，有沒有生孩子。

三十歲時的我，每天四處出差，根本沒有時間和空間去認識男生。我看到機場那帶著年幼孩子的年輕母親，疲憊且眼神渙散，我的內心便會生出一種無力感。

記得有一次搭乘飛機，我看到隔壁座位的媽媽抱著熟睡的孩子，一直在流淚。我遞給她紙巾，她哭得更厲害了。那流淚的模樣嚇到了我。

我便發誓，以及要求自己，寧願一生未婚，也不要如此狼狽。但在命運洪流的推波助瀾下，我還是成為了媽媽。成為媽媽後，我曾崩潰過無數次，但我從未後悔過。很感謝生活給予了我擁有孩子的這種生命體驗，正是他的存在，開啟了我三歲前的記憶，讓我的生命變得更為完整——我才明白，三歲前我的父母是這麼辛苦，而三歲前的我也是這麼可愛。

如果沒有他，我註定有一段記憶是空白的。

＊

我的先生從事飛行工作，經常出差，我也因為要講課，以及做線下的分享，也要出差。兩個人都在家的機會相對較少。

同理，見面的機會也少。在最忙碌的時候，我們曾兩個月無法見面。只能用視頻和簡訊來聯絡。朋友們經常問我，有危機感嗎，怎樣給感情保險，兩個人不見面，會不會有不安感……

每次聽到這樣的問題，我都會問問自己，會不會有不安感？或者是一直都有？我沒有關注到。因為，不管是戀愛時，還是結婚後，我一直還是把更多的注意力放在自我成長上。關於不安感，我內心一直存在，從未因為自己得到什麼東西，而稍有放鬆。我習慣這種不安感，它陪伴著我，沒有不好，反而讓我一直精益求精。

我一直堅信，沒有什麼是特別確定的，事物或情感一旦絕對化，就意味著一種脆弱性，很容易破碎。

一旦結婚，人會開始以家庭為單位，去做決定，去做選擇。負重前行的路上，我們開始有了責任，責任意味著不僅要學會付出，還要學會保護身邊的人，並且心甘情願地付出自己的時間和精力。所以，責任感會一直在跟自我在打架。

但我也一直認為，結婚後的男男女女，只有安排妥當自己的工作和生活，先讓自己滿足，過得愉悅，才能更自在、從容地與對方相處。人其實一直活在巨大的矛盾之中。

任何情侶或夫妻的相處皆不相同。所以，我並不贊同遇見矛盾，就去找他人解決，或看一些親密關係的書來尋找答案。

真正對自己有幫助的方式，其實在每個人心裡。更重要的是，能不能透過內心來真正地化解情緒，支配行動。

我和先生最初相識、戀愛的時候，也是分隔兩地，好像已經習慣了各自在彼此的空間努力，等到忙碌完工作，夜幕降臨，開始視訊交流，然後互道晚安。

當然，這不是程式化的一道必經之路，反而是一種習慣和依賴。所以，我很喜歡黃昏，意味著一天的結束，意味著不管經歷了怎樣的事情，我都可以和先生交流一下，煩惱頓時煙消雲散。

我很感性，他很理性。

我情緒很容易起伏，會悶在心裡，不會與他人傾訴，但會立刻轉述給他，期待他的判斷。他情緒穩定，像海邊的燈塔，聳立在風雨中，也不會覺得痛或委屈。所以，每次先生都能以客觀的角度幫我分析所有事情，幫我化危為安。

我先生喜歡聽我講故事，我會把看過的書或電影，以及我對一些人或事物的看法，講給他聽。他也是我新書的第一個讀者。他每次都會給我提許多建議，有時會刺痛我，有時也會安慰到我。我都坦然接受。寫作的人，需要被提醒，哪怕是被刺痛醒，也不要一直沉迷在自己的小世界。

進步的過程，需要痛和醒著，也需要安慰和鼓勵。

感情是有通道的，但通道是迂迴的——有時是透過交流，有時是透過爭吵，有時是透過個人的情緒表達。

人和人關係的矛盾、不安、痛苦，多半是表達方式出了問題。本來應該通過交流來解決，反而選擇了憤怒和爭吵，這樣表達，更簡單、直接、自我。但這種表達結束後，人又難免後悔，因為我們發現問題矛盾的根源還在，還是要放下姿態去交流，才能徹底解決。

我來到了新城市後，很多朋友會讚嘆，你好有勇氣，居然為了愛情放棄了原本的一切，我是做不到。我都會糾正，準確地說，我是為了自己的情感或更美好的未來，而選擇來到了所愛的人身邊。

當時的我們，並沒有完全確定未來的人生伴侶一定是對方。真的。

我反而是在結婚當天，才確定他是那個可以陪伴我走一輩子的人。因為婚禮的每一個細節他都有尊重到我的感受。我穿著白色的婚紗，他要背著我走很遠的路，壓得他喘不出氣來，路上他可以放下我，但一旁有人說了一句，你不能放下她，要背著她上樓，才可以走一輩子。

本是一句玩笑話。我先生認真了，真的把我背到了樓上。他放下我的那一刻，大家都為他鼓掌。他也開心地說，這樣就可以在一起一輩子了。

人和人感情的積累和培養，需要這樣溫暖的一瞬間，一瞬間的積累。這樣的積累，我們給予了它一個好聽的名字，叫婚後的情感保鮮，或維持愛情的方式。

經常看到很多朋友情感破碎後，會一一數落自己的付出，有的朋友還會拿出筆記本，一筆筆地計算。

一個下午，我聽一位朋友說，她有一個本子，記錄的都是她為小狗的花費——有給牠買糧食的錢，有帶著牠旅行的錢，有給牠治療關節生病的錢……她說，牠當時生病，整個上海只有一個醫生才能治療，要五萬塊錢，她毫不猶豫地帶著牠做了手術，緩解了牠的腿疼。

她拿著本子說，這就是我對牠的愛啊。

她期待我認同她。

我點點頭，這一定是愛，有牠陪伴你的時間，也有你為牠付出的金錢與呵護。但等你真正忘記這個本子上的內容，才是對牠真正的愛，毫無保留，粉碎了自我最後一絲計較。

畢竟情感，是這個世界上最寶貴的東西，無法計算。生而為人，最重要的就是感情，人與自我的連接，人和人的互動，都讓我們獨立於自然界，區別於其他的物種。

感情的付出，是算不清楚的。它包括時間、精力、愛與感動，包括了路過、風景，一切的嘗試與結果，也包括了最初的愛，與最後的恨。

難以概括與總結。

我們通常是因為對自己的瞭解不夠深刻，對人性的黑暗接受度不夠，再加上付出不足，會把一些判斷強加在對方身上，讓他來承擔。

什麼時候能打破自我的狹隘，從事情的整體性上去關注和處理時，事情才會改變其性質或面貌。

我依然堅信，朝著好的期待，帶著對自我的探索，對兩性關係的探知，往前走。把對方想像成另一個需要愛與被愛的自己。

總會有好的遇見、路過，也會有好的感知、經歷。

但願我們都能遇見懂得愛自己，以及愛世界的人，更願我們成為那個人。

8

誰年輕的時候
沒有愛過幾個渾蛋呢

獨立女性的意義
從來不是我們要孤身一人前行，
而是用你的智慧、力量和愛，
與這世界做獨特的能量鏈接。

—

閆曉雨

我和前任分手後很長時間，其實沒走出來。

不是那種愛得死去活來，也不是覺得錯過這個人有多抱憾終生——而是，在面對「失戀」這件事上，我沒給自己任何緩衝期。

那年是我事業的起步。

我幾乎全心撲在工作上，想要用經濟獨立和一顆事業心證明自己是不需要依靠任何人的獨立女性，聽起來挺好笑的，但當時我真的這麼想……可能是看了太多「毒雞湯」，覺得為一段感情失魂落魄，肯定不是新時代女性的做法。

我們分手在跨年夜。

第二天，新年伊始，我便邀約著朋友們出去吃火鍋，喝酒，聊天。

全然沒有一副失戀少女的樣子。

整個人生龍活虎的，依舊開懷大笑，和大夥開著玩笑，暢談工作，席間好友們試探著問「你們就這麼分手了？你要實在難受別憋著，你可以哭出來的。」

我搖搖頭：「真沒事。」
轉身又去調製了一碗麻醬小料，還往裡加了個香草味冰淇淋球。
眾人目瞪口呆。
「這是什麼吃法？」
我解釋道：「這樣會有冰沙口感，剛好消解火鍋的辛辣。」

太羞恥沒有說出去的後半句是，其實就像失戀，當你面對那顆衣衫襤褸破碎的心，我們既做不到護它周全，索性就痛個淋漓盡致吧。
儘管那晚我偽裝若無其事，夜裡回去卻好一番上吐下瀉。

之後的半年，我都沒有和人說過自己是怎麼度過的。
依舊照常工作，照常和朋友們吃喝玩樂，遇到帥哥，會沒心沒肺說：「這個男孩子也太可愛了吧！」但僅限於此。

內心裡我把自己困在了一個小黑屋。
那個小黑屋裡的女孩，終日自我否定，活在自卑、壓抑和焦灼之中。

分手的理由其實有點「難以言喻」，這段感情帶給我的影響，後勁遠比想像中還大。我開始整夜失眠，想不通究竟自己是哪裡不好？以至於對方會這麼肆意傷害我？我甚至覺得，這和愛不愛沒有關係，他用一種極其殘忍的、毀滅的方式澆滅了我對愛的一腔赤誠，讓我很長時間都在懷疑愛情存在的意義。

他選擇不告而別，而我選擇欲蓋彌彰。

我不允許自己害怕。
更不允許在失去一個人以後，還失去尊嚴和體面。
甚至比起自己的痛楚，我更害怕被別人說成「戀愛腦」，你瞧，這個女孩，不就是失個戀，為什麼要把自己搞得亂七八糟。

＊

直到這件事過了大半年，我在一個姐姐家裡，提到此事。
對方給了我一個很溫柔的擁抱，講起她年輕時候的故事，同樣被辜負，同樣產生過懷疑自我的想法，但她說：「你知道嗎？有時候我們的痛，未必來源於愛，更多是一種不甘心和『憑什麼是我』的憤慨。」

她問：「如果他現在回來找你，你還會復合嗎？」

我：「當然不會。」

她接著說：「那你覺得比起失去這個人，到底什麼更讓你過不去？」

我想了很久，或許，真正讓我「過不去」的不是這個人，也不是那段面目模糊的時光，而是這段戀愛的結束方式。它超出了我的情感邊界，打破了我對愛情以往純真的美好幻想，第一次意識到，原來愛的另一面隱匿著暴烈的陰謀，並不是每個人都會拿出真誠和善意對待身邊人。

這些震驚、懷疑，對愛的踟躕，在親密關係破裂後沉澱出的負面因數，原本會順著時間的流逝，被稀釋掉。

但因為我沒能經歷一個完整的「失戀癒合期」，這件事就像一根刺一樣，一直扎在指縫中，平日忙起來無暇顧及，一旦得空那種瘙癢痛楚便加倍席捲而來。

姐姐說：「你現在要做的，就是把這根刺徹底拔出來。」

她建議我不要再躲避，不開心的時候可以哭出來，可以找朋友聊天，不要再把「分手」當禁忌，大大方方的把傷口暴露出來，才能更好更快的痊癒。

「你也別怕被說戀愛腦，戀愛腦這個詞在百度百科的解釋是，這是一種愛情至上的思維模式，指代那些一戀愛就把全部精力和心思放在愛情和戀人身上的人——但真心喜歡一個人時，全情投入有什麼不對？」

好的戀愛腦，可以讓你擁有一段極致的戀愛體驗。

糟糕的是，故事結束了，有人仍沉浸其中，有人卻早已大步流星離開。

我終於明白自己為什麼會對這段感情諱莫如深。不願啟齒了。

某種程度上，我只是不想被別人覺得自己「看錯了人」，人總是會潛意識捍衛自己的選擇，而一味的想證明「我沒有愛錯人」，才是愛情裡最大的笑話。

現在的我，釋然很多，哪個人年輕的時候沒有愛過幾個渾蛋呢。

我用了好幾年才明白的道理。
長大不是逞強，而是你內心的價值體系固若金湯。
不要害怕受傷，因為生活的苦難從來不是靠躲避而消失的。

你知道自己要的是什麼，你知道自己承擔得起，你非常清楚自己的幸福燃點在什麼地方，你不再害怕自己愛錯人、選擇不好工作、走一條崎嶇小路，因為你在一早作出決定時，就已然預料到最壞結果。
權當世間一切都是體驗，抱著這樣的覺悟，你的旅途皆坦途。
能流淚的時候儘量流淚，大家都有眼淚流乾的那一天。

成長到一定年歲之後，我深覺比起「看起來過得不錯」，我更想要的是自己活得開心，活得爽，哪怕在生活這個遊樂場裡，有過一些狼狽模樣，也是值得的。

去愛、去糊塗、去犯傻，去奮力追逐自己想要的一切。
我們不需要活成人間清醒，我們只需要心境清明。

開心的祕訣是：把「在意」留給喜歡的人和事，其他的，隨便吧。

在年輕的時候無論是失戀、裸辭，還是去做一些常人不理解的事情，都沒關係的，因為你要知道對一個女孩來說，最寶貴的財富，不是皮囊的青春，而是歷經山河仍舊澄澈的靈魂。

好好生活，路過人間。

無論是愛情還是工作，沒有任何一種生命體驗是徒勞，它總會在未來的某個節點，帶給你全然不同對這世界的理解，幫助你打開一扇的大門。

＊

這兩年，我們在電視上看了太多所謂的「獨立女性」題材電視劇，也在無數個深夜，刷到過口口聲聲說讓女孩們賺錢、封心鎖愛的情感視頻。但我想在這裡說，不要被一些偏激的觀點所影響，做你自己，享受當下。

獨立女性的意義從來不是我們要孤身一人前行，而是用你的智慧、力量和愛，與這世界做獨特的能量鏈接。

有時候，我們不需要活得那麼清醒，那麼樣版化。
不是二十二歲畢業，非得去找一份工作，你可以選擇 gap 間隔年；
不是二十五歲工作幾年，就非要有六位數存款，每個人的生活節奏不同；
不是同齡人結婚生子，你就必須要去相親解決「人生大事」；
人生沒有大小事之分，每件小事的力量，都不容小覷。

我們能做的是在自己的時區裡，追逐荒原的太陽，收納夜晚的星星，完成屬於我們自己的青春拼圖。

當然，這一切的前提是，你可以處理好自己的生活，而不是打著體驗生活的名義去給身邊人添麻煩。

＊

我經常會收到女性讀者發來的私訊，比如：愛情和事業到底哪個更重要？畢業後我是該選擇留在國內還是去國外闖一闖？我現在一心只想賺錢，不想戀愛可以嗎？……在這些文字裡，勾勒出女孩們的故事。

其實這些問題，從來沒有標準答案。

倒也不必為此困擾。

因為它從來不是一個人的課題，這是一代人的共同課題。

焦慮感並不需要被消除，而是要透過這些問題，弄清楚你自己想要的是什麼？

工作和愛情給你的安全感和幸福指數哪個更高，你就重點經營哪個，我以為，工作可控，能靠努力來獲得對應回報，愛情可未必；

小城市的一間房，和大城市的一張床怎麼選，老生常談的話題了，不同階段我們的理想人生也會隨之發生改變，去選當下你更想要的就可以；

「賺錢」和戀愛就更不衝突了，這是兩條平行線，你可以盡情在飛馳往前的風景裡，左手深海，右手飛鳥，體驗不同的靈感火花。

凡事不必追根究柢。

你要做的，就是尋找一個在你自身價值觀認同的氛圍裡，好好生活。

我的好友在某天深聊天對我說：「我們都是獨立的。我們都可以表達自己，但是不能淩駕於對方的人生之上。」

「雖然我自己糊里糊塗的生活著，但是糊塗的也是自在的，如果被強行指導，關在一個難以價值觀認同的氛裏，我遲早得抑鬱。」

這段話我深以為然。

我希望我永遠都是「我」，而不只是某某人的女兒，某某人的妻子。

有時，甚至因為太想做「我」了，會和周遭顯得格格不入。

但比起成為真實的「我」，完整的「我」，而不是芸芸眾生裏的一段剪影，

我願意付出格格不入的代價，糊塗折騰下去。

9

你值得擁有一個很瘦的夏天

在變瘦這件事上，
有千萬條路可走可選；
而變肥胖，
只需要一條路就可以到達。
所以，讓自己甩掉卡路里，
絕不一邊規畫一邊吃、
一邊堅持一邊洩氣。

—

韋娜

夏日最熱的一個下午，運動結束後，我突然看到好朋友發來的訊息：「人到中年，是不是應該跟肥胖和解了，舒服最重要？」

我連忙搖頭。肥胖一直困擾著我，從我的少女時代到此時此刻。我和它的關係也一直在改變，最初我對肥胖習以為常，後來我開始排斥它，現在我把身上的肥肉當作需要善待的老友。這一路走來，我在成長，我與肥胖的關係也在飛速改變。

環肥燕瘦各有不同的美，代表的其實是不同的生活態度。而我更期待自己瘦一些，對我來說，瘦，意味著更為自律、努力以及對自己有更高的要求。胖的時候，我會情緒低落、自責；瘦的時候，我才能心安、愉悅。

當然，不管胖還是瘦，找到令自己舒服的狀態最重要。

我小的時候，大人們總誇我結實、能吃能睡。我以為這是一種讚美，並一直以此為榮。

讀高中時，一路胖出天際，體重高達六十五公斤。而我又特別傻，總喜歡一個人坐在教室外的陽台上唱歌。那個場景留在了我的高中同學的心中，多年過去，他們給我的留言還是會寫到那個黑黑胖胖的女孩……

有一天，我得了急性腸炎，去醫院看病。漂亮的女醫生溫柔地對我說：「女孩不要太胖，特別喜歡吃的東西你也不能貪吃，你要學會控制自己的食慾。」

她那麼溫和且好看，聽完她這段無比正確的話，我哭了，因為作為一個脆弱且自卑的高中女生，我發現自己是一個連食慾都無法控制的人。望著鏡子裡又胖又黑的身影，我明白自己的確太胖了。我胖的原因，應該是太聽話了。每次回到家中，只要媽媽做好飯，讓我多吃點，我就難以拒絕她的要求；每次去聚餐，怕食物被浪費，我一定要吃光。

美女醫生溫柔的建議並沒有馬上壓制住我對美食的慾望，我就這樣一路胖到了大一。

直到十九歲那年，我暗戀一個男孩，在某個黃昏，我鼓足勇氣表白後被他明確拒絕，我才瞭解肥胖在某些人眼中是「原罪」。

於是，我下定決心減肥。我開始控制飲食，控制慾望，控制自己不去想不應該得到的東西。

大二那年的暑假，我沒有回家，而是在學校裡翻看了許多資料，決定學習游泳來瘦身。白天不敢去練，只敢趁著晚上去游泳，喝了許多水，流了許多眼淚，從最初只敢在泳池的邊緣站著，羨慕地看著別人游來遊去，到後來遊刃有餘，像條魚一樣在泳池裡穿梭，誰也不知道我經歷了多少困難。

不管怎樣，遊了兩個月，我居然真的瘦了接近十公斤，我內心竊喜。過完暑假開學後，同學們紛紛來找我要減肥祕笈……

瘦下來後，就會想辦法不再胖起來。胖有負重感，意味著一種放縱與妥協。

那一年過去了，我時常懷念它，只因那是我最瘦的一年。往後的歲月，就是體重反彈和瘦身的反覆較量。我稍微對自己狠一些，就瘦一些；我稍微鬆懈，就會立刻胖起來。

*

大學畢業後的幾年，我給自己定了一個標準體重：五十三公斤。一旦體重超過這個數字，就會利用各種方式「虐待」自己，各種鍛煉、輕斷食，我都一一嘗試過。瘦到那個數字後，才能心安理得地吃一些甜食來犒賞自己。

後來工作繁重，經常出差、講課，又暴肥了。就在那個時期，遇見了一個特別喜歡的男孩（現在是我的老公）。

他總喜歡在我下班後帶著我和朋友們聚餐。我懷孕後，體重一發不可收拾，飆到了從未達到過的數字，簡直令我絕望！

我不用對外界宣告我懷孕的消息，大家只看到我的外形就異口同聲地來恭喜我了。成為媽媽後，有歡喜，也有憂愁。

最大的憂愁，就是身材日益臃腫吧。它總帶著一種蔑視的眼神看著我，那種陰影在我的心頭揮之不去。

胖，嚴重損毀了我的工作和生活狀態。

例如，之前我一直是出鏡的主播和主持人，後來沒勇氣去直播、講課，做線下活動也是找到最好的朋友，讓他幫我把照片一修再修，而我依然不滿意；例如，我原來的許多衣服穿不上了，我沒有信心去商場，不想見從前的朋友，幾乎沒了友情；例如，當時我不願乘坐地鐵，只因總有好心人以為我是孕婦，給我讓座……。

我在忽胖忽瘦中突然明白，肥肉也是身體的一部分，要尊重它，把它當作一個朋友，用覺得舒服的方式跟它交流，這樣才可以一點點趕走它。

在看了許多書，也下載了許多瘦身APP，跳繩的繩子買了許多根，跑步衣也有好幾套，我卻發現越運動心裡越慌亂，而體重毫無變化。

＊

一次直播中，我和練習瑜伽二十多年的木木老師連麥。

二十多歲時，她體重七十公斤，由於生病，只好辭職在家靜養。她養花養草，無意間，接觸到了瑜伽，並愛上了這項練習呼吸的運動，一直堅持到現在。十八年了，體重一直保持理想的狀態，身姿很美，精神清透。我在與她直播連麥的過程中，多次感受到她身上的寧靜和她豐富的想像力。

瑜伽和冥想的好處是可以讓自己的身體靜下來。靜下來，才會有能量湧動，去指揮和支配身體。讓身體保持舒服、展開的狀態，讓自己看起來更有朝氣、更自然，讓自我處於愉悅、積極的情緒中，這些比身體是胖還是瘦更重要。

畢竟，**胖或瘦只是一個結果，它要服務於我們的身體和精神，而不是讓它們垮掉。**

我不再從外面敲打自己，而是開始學著冥想、打坐、吃素食、練瑜伽，提醒自己注意儀態。每天早晨都會在鏡子面前對自己說：「這是多麼愉快的一天，心情要好，體重要少。」

用期待的心境開啟每一天。

我終於明白了，自己對瘦渴求，其實是想完全完整地控制自己，想讓別人對自己滿意。看過《斷捨離》一書，就更能理解這種渴望。

瘦下來很美，但一定要選對方式。有人參加訓練營減肥，有人通過遠行減肥，有人抱團鍛鍊，有人帶領大家跳操……各種方法，令人眼花撩亂；各種故事，極盡嬉笑怒樂。最終有人失意，有人得意，有人不管怎樣掙扎，依舊困在肥胖中，也有人想要增肥卻一直失敗。

人這一生都在做職場管理、精神管理、時間管理、生活日常管理、身材管理……任何一樣管理失敗，都會引起內心波動，從而產生焦慮。

在變瘦這件事上，有千萬條路可走可選，而變肥胖，只需要一條路就可以到達。所以，讓自己甩掉卡路里，絕不一邊規畫一邊吃、一邊堅持一邊洩氣。

給自己制訂理想體重的階段性目標，一步步實現，一個個達到，把時間線拉長。啊！我終於找到了自己減肥的節奏，我的身體變得輕盈，我喜歡這種感覺。可以控制身體，控制欲望，好像真的擁有了一種能力，能掌控自己所擁有的一切，可以在得到和失去、擁有和丟棄、喜歡和厭惡之間做選擇。

願我們永遠保持好的姿態，不管胖瘦，都要記得：**好好愛自己的身體最重要，找到讓自己舒服的節奏最可貴。**

可愛語錄

胖或瘦只是一個結果，
它要服務於我們的身體和精神，
而不是讓它們垮掉。

PART 2

學會

ABOUT LEARNING

亂發脾氣
表示能力不足

10

老是亂發脾氣，代表能力不足

擁有強大的情緒管理能力，
會成為職場發展的助推器；
反之，則會成為職場發展的障礙。

—
林夏薩摩

我大學畢業沒多久就進了一家廣告公司，負責文案策畫的工作。

剛上班時，完全不懂什麼職場生存法則，心直口快，想到什麼說什麼，有看不順眼的、認為不合理的事情，直言不諱，據理力爭，也不管對面坐的是主管還是客戶。

當時完全沒意識到這有什麼問題，只因這是我認為的「為人正直」和「工作認真」，私下裡還會覺得，如果領導或客戶聽不進這些為項目好的「逆耳忠言」，便是他們的心胸還不夠寬廣。

直到後來老闆親自找我談話。

公司接了一個世界五百強品牌的策畫案，預算比較多，而且如果做得好，我們能進那家公司的供應商庫，以後每年不愁沒案子做了，所以老闆特別重視。

由於客戶是外企，公司得做中英文提案。當時公司裡有策畫能力強的人，也有文案撰寫水準高的人，但會策畫，又能寫中英雙語方案的，只有我這個進公司不到兩年的新人。老闆就把我臨時調派到這個項目組，讓我幫主管

Jason 做完這個案子。

提案通過得很順利，三輪激烈的競爭過後，我們打敗了幾家知名廣告公司，拿下了那個專案。方案執行得也很精彩，客戶很滿意，拋出了往後繼續合作的橄欖枝。

所以，當同事說老闆叫我去她的辦公室時，我暗自開心，以為好事終於輪到我了，找我談話肯定跟升職加薪有關。但只猜對了一半。

我在專案上的表現確實不錯，老闆象徵性地給我加了薪水。聊完加薪，老闆開啟了她真正想聊的話題。她反問我：「你知道為什麼我只給你加薪，不幫你升職嗎？」

我直接反問：「為什麼？」

她緊接著說：「Summer，你的能力大家是有目共睹的，你英語好，文案和創意也都不錯。但你能力大，脾氣更大，你很強硬，你知道嗎？如果不改改脾氣，以後要吃虧的。」

誰能想到這個白手起家，憑一己之力在廣告圈殺出一條血路，掙下了十幾套房產，做事雷厲風行的女老闆，會用強硬來形容我這個入行沒多久的小員工。

那種心情很微妙，我既覺得強硬這頂帽子有點大，我擔不起，又隱約覺得被老闆認為強硬，好像還蠻厲害的樣子。

等所有微妙的情緒都過去，我開始反思在公司裡的言行。

作為新人，我確實做事認真且較真，脾氣不小，但凡遇到認為不公平、不合理的事情，就很容易生氣。完全沒意識到作為一個員工，管理自己的職場形象，管理情緒，也是職業化的一部分。

不久後，老闆提升了和我同期來公司、能力稍遜色於我，但做事很穩定、很少情緒化、從來沒對客戶強硬過的某個同事。

那時我就知道，在老闆眼中，在上級眼中，下屬的工作能力固然重要，但他們更在意這個下屬是否可控、他的情緒管理能力強不強，主管更傾向於把大專案交給情緒穩定、扛起壓力良好應對的下屬。

情緒管理能力強，會成為一個人職場發展的助推器；反之，則會成為一個人職場發展的障礙。

＊

不管怎樣，第一個老闆的建議，我聽進去了。

我試著從不同的視角去理解職場人進行情緒管理的必要性，以及總是心平氣和地做好所有事情的重要性。

前面的多視角思維只是開了個頭，徹底讓我覺得情緒無用是在跟兩個資深廣告人朋友聊天以後。

一次是在拍片現場，工作結束後跟廣告導演 Joe 聊天。

我先自我檢討，說我有時候在工作上遇到了不合理的惱人的事情，我就很想發洩情緒，控制不住，明明是想針對問題談解決方案，結果講著講著道理火氣就上來了，給人一種得理不饒人的感覺。

Joe很平靜地說：「對很多事情你不服氣，想發脾氣是吧？這些重要，也不重要，你要想清楚，是誰發薪水給你。」

「你從老闆那裡領薪水，拿人錢財，替人辦事，老闆給你發的薪資裡，包含了『情緒消化費用』。如果你覺得這家公司的企業文化不行、管理一塌糊塗，那不如炒老闆魷魚，換一家更適合你的公司工作，沒必要消耗自己。」

Joe提到的「沒必要消耗自己」這一點說服我了，不是誰的聲音大、脾氣大，道理就站在誰那一邊。

自以為有道理的人如果不能控制好自己的情緒，不能心平氣和地提出訴求、解決問題，反而會成為大家眼裡那個不講理的人。尤其是涉及跨部門業務，更會因小失大，增加以後團隊協作的難度。

另一個廣告人朋友魏總給出的答案更簡單，也更扎心：**「發脾氣本來就是能力不足的表現。」**

他認為，**保持冷靜是一種能力，真正做事有魅力的人，絕不是放任情緒流淌的人。**

職場上，明理、有能力，又有手腕的人很少發脾氣，畢竟解決問題靠的是方案，而不是情緒發洩。**每天扮演好一個情緒穩定的成年人，是每個職場人的自我修養。**

長大後，我們會發現，很多事情不是非黑即白的，沒有絕對的對與錯，只是大家立場不同罷了。

當我們在任何一件不順心、看似不合理的小事發生的時候，都能條件反射地跳出以自己為尊的單一視角，開啟站在不同立場看到的畫面時，我們對這個世界的理解和包容也就更進一步了。當我們對世界的理解和包容進了一步，觸發情緒和脾氣的「隱形按鈕」也就越來越少，職場道路也會更順利。

之後的幾年裡，我跳了幾次槽，漲了幾次薪水，經歷了一系列心理變化：

從搖擺在「保持自我」和「順應職場規則」中扭扭捏捏地找兩者之間的平衡，到欣賞「寵辱不驚」的行事作風，再到推崇「用解決方案打敗情緒發洩」的職場哲學。

我學著不再做情緒的奴隸，學著遇事冷靜，先擁抱所有的負面情緒，接納它們都是大腦釋放出來的信號，接納大腦裡的各種想法會打架的客觀事實，再跳出思維的牆，用「局外人」的視角來審視這些消極情緒，最後把那些糟糕的部分一鍵清除或轉化成積極的行動。

慢慢地，我也成了同事們眼中能力強、做事穩、可託付的人。

沒人能做到沒有任何情緒，管理情緒也不是達到沒任何情緒的狀態，而是擁抱情緒森林裡那些幽暗的角落，讓大腦在接納色彩斑斕的積極情緒的同時，也接納那些灰暗陰晦的消極情緒，與之和諧共處。

再後來，我辭職，做起自由職業：宅在家裡寫散文、小說，偶爾也通過從前做廣告積累的人脈資源賺點外快。

大家都知道，對於有專業技能的人，尤其是廣告策畫人、設計師和單位時間收費很貴的心理諮詢師以及律師來說，最怕聽到的就是有人來一句：「你能幫我一個忙嗎？」

這種幫忙往往意味著對方沒錢沒預算，但你得看著往昔那點情面幫他把事做了。

做廣告這些年，我身邊經常有人以幫忙為由，讓我取名字、寫文案。對於不熟的人，我一般直接拒絕。偶爾也會遇到不好意思拒絕的請求，只好硬著頭皮接下來。

那次是一個朋友C的新店開業，C讓我幫忙寫篇推廣文。

我答應後，認真列了提綱，寫了文章。發給他以後，他在我的文章裡標注了五六條修改意見。

坦白地說，當我看到他回饋的紅黃相間的 Word 文檔時，內心很不爽，有點後悔答應幫他寫了。

一來，我並沒有糊弄了事，我的文案功底擺在那裡，我認為根本不需要他那些「多此一舉」的修改意見；二來，他又不是不知道我寫商業文對外的報價有多高，免費幫他寫，他還敢得寸進尺讓我大做修改？

我當時很想發脾氣，也想直接說：「我的水準就這樣，稿子不改了，要改你自己改哦。」

但後來轉念一想，沒必要，如果最初沒答應他也就算了，既然已經應承下來了，一定要做的事情，為什麼不做得漂亮一點？何必費心勞力又落人話柄呢？

於是我按照他的要求，耐心幫他改了三四遍。定稿他很滿意，跟我說了好幾遍謝謝。

或許是讓我免費寫文案，他的內心不好意思，又或許是我這次把他這個「沒預算的甲方認真當甲方對待」的誠懇態度顯示了自己的職業化，之後他給我介紹了好幾個寫作項目，報酬也都不錯，算是還我的人情了。

為什麼講這個故事呢？

江湖路遠，多個朋友多條路。尤其是對於那些長期從事一個行業的人來說，朋友、同事們跳槽來跳槽去，都還在同一個圈子裡，山水有相逢。你的職業形象不只建立在你的業務能力上，也在別人的印象裡和嘴巴裡。

任何時候都有必要管理好你的情緒，管理好你的職業形象，這些是你的職業發展助推器。

可愛
語錄

真正做事有魅力的人，
絕不會放任情緒流淌。

11

最狠的自我打壓，是持續否定自己的感受

比起打壓和貶低，
讓人對自我感受否定
才是最狠的一招。
明明已經感覺那麼疼了，
卻還要埋怨自己不勇敢。

—

陶瓷兔子

記得還是剛畢業的那時，我和一個同事報名參加了一個登山活動。那天的山路出奇地難爬，爬到差不多三分之一的地方，我們倆就已經氣喘吁吁、體力不支。

她癱坐在一個樹樁前連連擺手：「太累了，我不上去了，就在這裡等你們。」一身體裡的每個細胞都在召喚我跟她一樣原地癱倒，可理智卻告訴我：「不行，你不能就這麼停下。你看看大部隊裡有老人，有小孩，人家都沒覺得累，你怎麼能累呢？」

於是我順理成章地聽信了理智的話，把疲勞感強行拋到腦後，咬著牙追上了前面的人。

如果你也不自量力地逞強過，你大概能想像出我當時的狀態：腳趾上被磨出的泡火辣辣地疼，手掌被樹皮擦出了好幾道血痕，可臉上還要風輕雲淡，裝出一副「我不累」的樣子，努力讓自己看上去合群。

快登頂的時候，大家終於放慢了速度。走在我前面的一位大哥友善地遞給我一包巧克力，說：「今天的路線不好走，就連我們這些每週都來爬山的人也覺得吃力，你看上去還挺輕鬆的。」

後來聊起來，才知道他們都是一家登山社的成員，只要天氣允許，每週都會組織登山。得知了真相的我險些淚灑當場，一直被理智苦苦壓抑的感受也洶湧而出：「我早就說好累，你為什麼不聽？你為什麼總是這樣？這一次我才是對的。」

這件事留給我的不僅僅是疼了兩星期的小腿，還讓我看到了自己有一個根深蒂固的思維習慣——只有某種感受先被證明是正確的、有好處的，才能理直氣壯地允許它存在，否則就要調用理智壓制、否認，甚至是徹底抹殺這種感受。

*

不能否認，這種習慣曾經給予我許多回報：

小時候跌倒腿擦傷了，正想哭的時候聽到媽媽說：「勇敢的小孩不能動不動就哭。」我忍住眼淚告訴自己不疼，然後得到了一根雪糕作為獎勵。

上學的時候被一位老師人身攻擊，我每天都給自己洗腦：「她不是針對你，她只是想讓你上進。」編造這樣一個謊言，才能維持起床上學的勇氣。

工作之後遇到同事仗著資歷深處處壓我一頭、搶我的業績，每天都想像電視劇裡那樣把咖啡往他潑去，但看到別人都雲淡風輕時還是忍不住埋怨自己：「人在江湖，可不能這麼玻璃心。」然後咬牙堅持，硬生生熬到他離職並接管了他的項目。

的確有所得，可回頭看去，那疼痛、那委屈、那憤怒的感受也都是真的。

允許這些感受出現，真的會讓我變成一個懦弱的人，讓我做出退學或者憤然辭職的決定嗎？我想未必。

理智的用武之地，其實並不是壓抑感受，而是在感受出現之後分析自己的種種應對方式的利弊。

人是最趨利避害的動物，如果當時看到並承認自己的感受，我大概還是會做出一樣的選擇，唯一不同的是不會再有那些自我否認、自我批評的內耗。

「你是個很糟糕的人，但我還是選擇繼續跟你相處，因為我有我想要得到的東西」和「我是個很糟糕的人，所以我不能離開你，因為只有你才能給我我想要的東西」，這兩條路或許殊途同歸，但分別在這兩條路上走著的人的心情卻絕對不一樣。

選擇好走一點的那條路吧，人生總比我們以為的更漫長。

選擇好走一點的那條路吧，
人生總比我們以為的更漫長。

可愛語錄

12

時間能淘汰的，都是不夠堅定的東西

有能力的人不必擔憂未來，
只要你能給別人提供
有價值的服務，
就不用擔心飯碗問題。

—

林夏薩摩

Juli和Amy是同屆不同系的大學同學，畢業後先後進入廣告行業，前幾年機緣巧合，又進了同一家公司，一個做設計，一個做總監助理。最近公司傳言紛起，據說兩人都將遭遇裁員，她們的心境卻截然不同。

Juli入行七八年了，職級只是資深平面設計師，但公司裡沒幾個人知道，她除了會做平面設計之外，3D設計也很厲害。

之前有機會她也不願意升職，是因為一旦升上去做設計組組長，她不僅要做圖，還要分出很多精力做管理，她沒那份閒心，也不喜歡管人，薪水過得去就行了。再說了，與其在公司裡熬夜加班當時薪很低的社畜，她寧願省下時間和精力在外面接案子。所以當同組的小夥伴跟她說公司要裁員了，問她有什麼打算的時候，她裝作很驚訝的樣子，內心其實毫無波瀾。

這些年，她服務過那麼多品牌，做過那麼多案子，憑她的作品集和履歷，就算一時之間找不到滿意的新公司，在家裡宅著當自由職業者給人作圖，也生活無憂。

與Juli的樂觀形成鮮明對比的是Amy的焦慮不安。

Amy 是學教育出身的，可她對教育一點都不感興趣，當年的專業志願完全是瞎填的。畢業之後，她一直在行政和助理之類的職位間繞圈子，在公司她被分給業務能力很強的客戶總監做助理。本以為日子會從此順風順水，想著跟總監多學點東西，以後好轉型，畢竟她快三十歲了，做助理這種相對輕鬆、替代性也很強的工作，很容易被成本更低的年輕人替代。

她不是沒有危機意識，她只是沒想到危機來得這麼快。

她快三十歲了，雖說以往的工作也足夠耐心細緻，可她只會做一些打雜的事物，身無所長。她很羨慕 Juli，就算失業了也依然有康莊大道等著她。

裁員通知正式下發那天，Amy 拖著 Juli 一起去喝酒發洩。

在一家店面狹小卻無比熱鬧的酒吧裡，心情煩悶的 Amy 很快喝完了一整杯長島冰茶，又迫不及待地追加兩杯調酒，大有灌醉自己之意。

Juli 怕她真的喝醉，攔住了服務員，讓服務員改上兩杯加小青檸的蘇打水。接著她試圖安慰一臉愁容的 Amy：

「工作沒了大不了再找，幹嘛折騰自己？你的胃不好，裝什麼酒仙？」

「我又不是你，想找工作馬上就能找到。我只是一個小助理，除了訂票做表格，除了打雜，什麼都不會。快三十歲了，還要跟剛畢業的小朋友競爭工作崗位，太慘了吧。」

「我有點後悔了，真的。我以前不該貪圖舒適，下班了就知道追劇、出去玩，我應該學點像會計啊、設計啊這種更實在的技能。」

Amy 說完後，Juli 絞盡腦汁的說了很多安慰她的話。可 Juli 心裡也明白，安慰歸安慰，只能讓當下的她心情舒緩一點，不能從本質上解決她的問題，她的職業生涯確實需要重新規畫了。

＊

可能因為我工作了很多年，我身邊快到三十歲和三十五歲這兩個職場分水嶺的朋友越來越多了，而他們的故事總是驚人地相似。

擁有一技之長的「Juli 們」，哪怕被公司裁員了也不慌張，裁員對他們來說不是人生惡耗、天降難題，而是一次重新選擇的機會。

有些人遭遇裁員，跟公司ＨＲ鬥智鬥勇後，開開心心地拿到了離職賠償，然後很快憑藉過硬的專業水準，跳到了更好的公司、更好的平台，做著跟從前的業務相同的事情；也有些人看透了資本剝削人的本質和商場上的遊戲規則，想明白了給別人打工不如給自己打工的道理，梳理了以往憑藉專業技能搭建起來的上下游的各種人脈資源，重整旗鼓，開起了公司或工作室，自己創業了。

與之相反的是可替代性很強，儘管工作了很多年，做的也大多是一些無關緊要工作的「Amy們」。他們面臨著人生的新困境，前有企業招聘歧視、年齡上升、衝勁不足、專業技能有限，後有快馬加鞭追上來、初生牛犢不怕虎的「後浪」。

他們被夾在中間，進退兩難，很焦慮。

我在不同的公司間跳來跳去的時候，也經歷過職業發展「焦慮期」。其他行業的人可能不瞭解，從某種意義上來說，廣告是個吃年輕飯、競爭很激烈、內耗很嚴重的行業。單說策畫這個職位，公司期待你文武雙全，最好「文」能做到文思泉湧、創意新穎、隨時能提筆俐落寫方案，「武」能有個健康體魄，熬得了夜，受得了氣，搞得定客戶，經得起比稿消耗。

我真怕我哪一天想不出好的創意，加不動班了，就會被公司無情地淘汰。之前想跳槽，溝通過幾家不錯的公司，已經聊到最後階段了，HR（人資部門）卻話裡話外地暗示，他們現在不太傾向於招大齡單身未婚的女性，老闆們現在都很看重員工的性價比。不管這是他們壓薪資的套路，還是沒打算錄用我、用來推託的藉口，隱形的職場發展壁壘還是橫在了我的面前。

鬱悶之餘，我去找幾個事業蒸蒸日上的女性朋友聊天，向她們取經。

做了很多年律師的伊姐跟我說：「有能力的人不必擔憂未來，只要你能給別人提供有價值的服務，就不用擔心飯碗問題。」

做了很多年銷售，後來果斷辭職，從零做起了自媒體公司，當上了女老闆、年入百萬的陽陽跟我說：「林夏，你對未來的看法太消極了。你以後的路還很長，你還有很大的上升空間。就算有一天你被公司解雇，你不想再在廣告圈裡混了，以你的文筆，你就是在家裡寫寫稿子也不會餓死的。再不然，把英語專業八級的證書翻出來，去做翻譯、當老師，也可以啊。」

「我英語都好久沒用了，要重新撿起來才可以……」

「你知道嗎？現在有的住家家教薪水都開到每個月兩三萬了。關鍵是你想走怎樣的路，你得想清楚。」

伊姐和陽陽旁觀者清，她們的話從不同的角度點醒了我，讓我回望了自己畢業後走過的職場路。

我在創意部門待過，寫過各種文案，做過各種策畫，也在做過總裁助理、客戶經理和一段時間的銷售專案管理。這麼多年過去，若問我哪項能力最強，那肯定是文案策畫，是過硬的文字功底和敏銳的洞察力。這才是我行走職場江湖傍身的東西，是這部分能力幫我一步步走到現在，完成職業生涯的轉型，也多虧有了這部分能力，我才能利用業餘時間寫自己想寫的文章，出了三本暢銷書，實現兒時當作家的夢想。

＊

後來，再有遭遇職場焦慮的朋友找我聊天，問我有什麼建議，我給出的

第一條建議就是：工作前十年，一定要多積累，多沉澱，直到你找到自己的「本命技能」。

何謂「本命技能」？

就是那些哪怕你離開原公司的職場生態環境，依然有價值、易於交易，依然有人願意為之付費的技能。

譬如高級會計師、醫生、律師、心理諮詢師等，在某個領域足夠專業，水準也會隨著年齡和閱歷的增加而增加，自然他們的身價也會越來越高。他們到了一定的階段，自立門戶也未嘗不可，不用擔心被裁員。

又譬如，有些人天然具有極強的親和力和溝通力，能快速和任何人打成一片，快速獲取他人的信任，這就是天選的銷售人才，很容易在銷售這個領域打出一片天地。

如果你已經找到了自己的「本命技能」，繼續在相應的領域精耕，你終有大放異彩的機會。

如果你還沒找到自己的「本命技能」，過往的職場路也是渾渾噩噩地走過來的，那麼從現在開始，你就要認真思考、重新規畫了，為將來做好打算。

隨著移動網路和人工智慧的發展，誰都能做的事情、專業性不強的職位，很快就會被技術手段替代，現在已經有這種趨勢了。

我們熟悉的生活場景也已經有了許多變化：自動駕駛汽車在公路上行駛；疫情期間，大量收銀員被裁掉，換成了自動結算的機器；各式各樣的翻譯軟體和翻譯筆，搶了一部分職業翻譯的飯碗。

人的氣定神閒，往往來源於胸有成竹，未雨綢繆總是好的。

從現在開始規畫，一切還不晚。

可愛語錄

工作前十年，一定要多積累，多沉澱，
直到你找到自己的「本命技能」。

13

唯有熱愛，是疲憊生活裡的一塊糖

唯有熱愛，方能持久。
做事精力旺盛、充沛的前提，
是你熱愛你當下正在做的事情。

—

林夏薩摩

要論國內加班文化盛行的「重災區」，廣告、網路和電商行業，一個都跑不了。

正巧，資深電商人范范前幾日忙完「雙十一購物節」之後跟我瘋狂吐槽，為了購物節活動，她已經連續加班一個多月了，前期忙活動策畫，忙選品，忙上架，忙著盯設計師改說明頁，好不容易忙完了籌備工作，又要開始培訓主播，幫主播提升話術，盯直播現場，等直播也忙完了，還要復盤資料，寫專案總結。

這段時間，她平均每天睡不到五個小時，開始瘋狂掉頭髮，黑眼圈快趕上大熊貓了。

她跟我抱怨當代打工人真是太慘了，雖然出去社交的時候，怎麼說也是創下八位數營業額的電商操盤手，看著挺光鮮、挺厲害的，但實際上呢？付出與收入並不成正比。

有好幾次，她覺得自己的身體快扛不住了，可每次又都咬咬牙堅持了下來。

後來，范范對我發出了連番靈魂拷問：

「你說那些工作狂人，幾乎不睡覺，還生龍活虎、精力旺盛，他們是怎麼做到的？不都是地球人嗎？難道我跟CEO的差距是我天天睡得太多嗎？我的老闆怎麼可以經常凌晨兩三點在群裡瘋狂叫我，他以為我跟他一樣不用睡覺嗎？」

我趕緊說：「你好歹也是新時代的資深網路衝浪選手，可千萬別聽網路上那些自媒體瞎說。」

一來，人類的基因天然存在巨大差異。有人每天只睡三個小時照樣精力充沛，有人熬夜到很晚要緩衝一星期。簡單粗暴地套用別人的生理時鐘，並不可取。

二來，在這個資訊爆炸、注意力稀缺的時代，媒體為了流量和關注，不惜編故事造神。

長期熬夜容易猝死。

人生是一場馬拉松，上半場拚腦力、拚眼界，下半場拚健康。
普通打工人在工作之餘睡好覺，休息好，做好精力管理才是王道。

也許從發明了智慧手機開始吧，熬夜越來越成為一種普遍的現象。有人貪玩，熬夜追劇打遊戲玩手機；有人疲於奔命，為了支付家庭的各種帳單而熬夜……。

我在廣告公司和網路公司都工作過，在這兩個行業，長期熬夜、長期加班導致猝死的事情並非罕見，時有發生。

社會作為一個大集體，強調效率提升沒有錯，但個體在時代奔騰的洪流面前要保持清醒。你的生命只有一次，如果健康這個分母沒有了，財富、地位之類的分子也就沒了意義。如果生命沒了，你再不能聞到一朵花的芬芳，再不能欣賞色彩斑斕的落日餘暉，再不能敞開溫暖的胸膛擁抱別人，再不能任動人心弦的旋律在耳邊跳舞。

充足的睡眠是增強免疫力、保持健康的重要因素，充足的睡眠更是人生這趟列車平穩向前的必要條件。睡飽了，精神就好，皮膚也白皙有光澤，比吃什麼營養品都有用。

《哈佛商業評論》曾指出，睡眠不足對人的影響不亞於酒精的作用，如果每天只睡四五個小時，持續一週，造成的影響相當於身體裡的酒精濃度達到百分之零點一，等同於酒精中毒，人的警覺力和判斷力會被嚴重削弱。

從現在開始，要重視睡眠，儘量保證每天七至八小時的睡眠。如果實在是工作繁忙，睡眠時間不夠，至少我們可以利用「R90睡眠法則」，即根據一個睡眠週期為九十分鐘的研究成果，用起床時間倒推出合適的入睡時間，從而提升睡眠的品質。

＊

要想白天保證精力充沛，除了科學睡眠之外，還要做好自己的精力管理。

我採訪過身邊五六個精力充沛的工作狂，有外企高管、自媒體人、青年創業者等，發現他們除了熱愛運動、健身之外，很早就有意識地系統地管理自己的精力了。

中學跳過級、二十一歲就大學畢業的Adam，如今在外企工作了快十二年。他極為自律，晨跑堅持了六年，睡前冥想堅持了兩年，出現在任何商務場合的時候，永遠西裝革履、神采奕奕。

他保持精力充沛的祕訣有三個：

第一，愛惜羽毛，愛惜精力，不斷篩選社交圈，遠離負能量的人。

第二，把休息和恢復精力放在和工作同等重要的地位。他設定了屬於自己的更靈活的「番茄時鐘」，哪怕工作狀態再好，也會保持每工作四十五分鐘休息五分鐘、每工作一小時休息十分鐘的習慣。如果趕上公司開會拖了工作時長，他會在散會以後去樓頂吹一會兒風或喝杯咖啡，把錯過的休息補回來。

第三，永遠在精力高峰期處理最難處理的工作。每天上午十至十二點是他精力最好、最旺盛的時候，他會把最難處理的事情都排在上午，下午用來回覆郵件、開會和處理簡單的文檔。

*

Violante 從網路公司離職後，做起了自媒體。

她最開始是抱著「躺平」的心態入坑自媒體的，一口氣在小紅書、B站和抖音三個平台都開了帳號，幻想著隨便拍幾個影片、剪一剪、配配音樂就火了，以後在家裡躺著接廣告數錢就行了，再也不用勞心費力、焦慮到連做夢都在追求數據了。

但她這個美麗的白日夢在她做自媒體第二個月時破碎了。

自媒體圈子裡的競爭不比網路公司少，甚至可能更多。在這個全民自媒體的時代，影片隨便拍拍剪剪誰都會，但要真想把帳號做起來，只能全力以赴，而她又是個「只要沒睡好，白天就無精打采」的人，可已經辭職了，沒有退路了。

想通了以後，她開始對自己的精力進行精細化管理，盡可能多工作、少熬夜。

她把自己日常所有的活動事項都列了出來，列滿了一張 Excel 表，表格裡涵蓋了吃飯、睡覺、運動、追劇這樣的生活日常事項和想選題、拍素材、剪輯、配樂、配字幕等工作事項。她先是花了三天，計算了每個單項所需的時間，緊接著又花了七天，測試了自己在每天哪幾個時段的精力最好，之後又用了二十一天，適應「鐘擺精力管理法」。

如果把人比作手機，人的精力就類似於手機的電量，在消耗之後需要及時地充能補給，才能保持最佳的運行狀態。簡單地說，「鐘擺精力管理法」就是認同精力像鐘擺一樣，有自己的節奏，有高峰和低谷，而我們要順應這種客觀規律，以六十分鐘為一個鐘擺週期去安排自己的工作與休息，每工作四十五分鐘就有意識地休息十五分鐘。

她又根據「鐘擺精力管理法」，把二十四小時分成了四個大的時間段，處理與之匹配度最高的工作。

早上剛起來，經歷了一晚上的休息，人很放鬆，大腦也很清醒，她就安排「計畫型」工作，例如列今天的工作清單，再排出優先順序，逐一攻破。

睡飽之後，上午的精力都比較充沛，她就給自己安排「創造型」工作，處理做內容策畫、想選題、想標題之類的比較消耗腦力的工作。

在家辦公時，沒有通勤壓力，吃完午飯以後還能睡一會補個覺，比大部分打工人已經幸福很多了。但到了下午，已經工作半天的她，就像只剩不到50%電量的手機，整個人還是感到很疲乏，工作效率和品質都會比較差。她就用這部分時間來處理「溝通型」工作，例如跟評論區的粉絲互動；回覆粉絲私信；與前同事們聊天，聊聊最近互聯網圈子的八卦和風向，為自己的選題找靈感和素材。

晚飯以後，心態比較放鬆，她就安排一些「學習型」工作，經常邊刷短視頻邊分析他人的帳號經營，再不然就是一邊跑步一邊聽電子書，給自己補充精神養分。

她也跟我承認，剛開始執行「鐘擺精力管理法」時，還是蠻痛苦的。人一旦呼吸過自由的空氣，就很難再被管束了，但看看帳戶餘額，再耗一年，備糧都花光了，還不是得回去為五斗米折腰。

這一頓威脅讓她清醒了，但她真正開始享受這種極端自律的狀態，是在做出了兩三個「爆紅」影片、粉絲一口氣漲到兩萬多之後。

她最後跟我總結，「自律給人自由」的觀點有待商榷，但一個人若是能從自律的生活中得到利益或快樂，這種自律一定能長久。

對此我十分贊同。

＊

我經常收到粉絲詢問：「林夏，你是怎麼當上斜槓青年的？」「林夏，你之前又工作，又寫作出書，當過訪談節目的主持人，也當過策展人策畫過畫展，這麼多事情，你怎麼兼顧得過來，怎麼有那麼多精力？」

大部分人每天光是上班就已經耗盡了一天的能量，這是事實。我想，可能唯有熱愛，方能持久。做事精力旺盛、充沛的前提是你熱愛你當下正在做的事情。有了這個前提，每一天都充滿了希望，每一天都想比前一天做得更好、更精彩一點。

可愛語錄

人生是一場馬拉松，
上半場拚腦力、拚眼界，
下半場拚健康。

14

無須比較，直接去超越吧

若真的很羨慕別人
此刻擁有的一切，
那就去爭取，去努力，
去朝著想要的遠方一點點前進，
讓自己也擁有那一切。
與其羨慕，不如成為。

—

文長長

那日，專欄編輯給我發來一個問題：如何減少無意義的比較？她說：「很多人很想知道這個問題的答案，你寫一篇文章吧。」

我回她：「可能我也沒辦法回答這個問題。我必須坦承的一件事是，儘管在日常生活中，我盡可能地讓自己做一個體面、大方、很多事不計較的大人，但我骨子裡其實是一個善妒，而且很要強的人。」

她說：「那剛好寫一寫你在這件事上的心理歷程吧。」於是，就有了接下來的思考。

＊

接下來說的這段話會被大家罵，但我還是要說：

「我常常無法發自內心地為身邊的人境遇好轉而開心。如若這件事別人做成了，我沒做成，我會難過，我會羨慕，甚至會有點嫉妒別人的聰明與能幹；如若這件事我做成了，身邊人也做成了，我在開心之餘也會有很多緊迫感，原來大家都很厲害，那我要更加努力，更加用心，我一定要在下一件事上比他們做得更好、更突出」。

我總是會忍不住在一些事上跟身邊的人比較。他們沒做成的事，我偏偏要做成；他們做成的事，我就要比他們做得更好。我就是希望我能比身邊的人再優秀一點，再厲害一點，再突出一點。

我知道，這些小想法很齷齪，也很沒器量。但我就是沒辦法成為那個坐在一旁為別人的成功真心鼓掌的人。

少女時代，我也曾討厭過自己這種愛跟人比較的性格。畢竟我們從小接受的教育就是不能嫉妒別人，嫉妒這種心理不好，以致很長一段時間，每次看到身邊原本跟我差不多的人進步很大，我在內心一邊暗自因他的進步、我的原地踏步難受，一邊自我責備：「你怎麼這麼小心眼？你為什麼就不能為別人的進步開心呢？」

有了這種複雜的情緒，我沒辦法跟師長、家人、朋友訴說。

少男少女們都想成為別人眼中閃亮且有著優秀品質的「好人」。他們不喜歡別人說自己善妒，也不敢大大方方地承認自己的這種嫉妒心理。於是，乾脆把自己的這份愛與別人比較的「善妒」藏起來。

我帶著這份藏起來的嫉妒走了很久，一邊確確實實由那份「愛比較，不甘落後」的心情帶自己走了好遠的路，一邊又厭惡著總愛跟人比較的自己，就這樣過了很久。

直到有一天，我回頭看了眼身後，望著過去自己翻越的一座又一座難爬的山，看著手裡摘得的一個又一個閃耀的果實，看著身邊早就換了一輪的同行者，想起那些原本走在我的前面但現在遠遠被我甩在身後的人，我突然原諒了那個善妒且好強的自己。

我知道，像我這種資質平平、不夠聰明，也不夠漂亮的普通女孩，如果再沒點喜歡跟別人比較的不甘與心氣，根本走不了多遠。

在因為要強而向生活要到一些東西後，我突然接受了這個沒辦法坐在一旁真心為別人的成功而鼓掌的小文青。是的，我就是不甘心此刻只是坐在這裡為別人的成功鼓掌，我就是不小心又拿自己和對方比較了一下，我就是突然覺得此刻自己擁有的好像也沒那麼好了，我也想擁有站在台上的人擁有的那些更好、更閃亮的東西。

對呀，我就是羨慕他們，我也想成為他們，嚮往更好的有錯嗎？

當我正視自己，認清了自己偶爾會忍不住想跟人比較這一脾性，且接納了這部分自己後，我很少再為「與人進行無意義的比較」這件事難過了。

這份想要成為像他們一樣厲害的人的心念，從頭到尾都沒有錯。我們要做的就是妥善安放自己的這部分情緒。

＊

我後來慢慢學會了與愛與人比較的那部分自己相處，不再厭惡與排斥它，而是接納它。

首先，正視自己，認清自己的欲望，接納自己，好好與自己內心的那頭情緒野獸相處。

承認在這世上就是有些人比此刻的自己優秀，承認自己性格裡的確有一部分不被世俗接受但也不算壞的東西，例如善妒，例如好強，承認自己並不是那麼完美的人，而後，好好馴養自己內心這頭野獸，允許自己成為坐在旁邊替別人的成功鼓掌的人，允許自己野心勃勃，允許自己不甘心，不服氣，站出來，帶上實力和努力去跟自己不服氣的人一決高下，允許自己想要成為因成功而得到別人掌聲的人。

其次，學會沉靜下來，安靜地做好自己的事。

時刻告訴自己：別人獲得了什麼，都跟我們沒關係。別人擁有再好的人生，那也是別人的，與我們無關。一味地比較，並不能讓我們也擁有那一切。

若真的很羨慕別人此刻擁有的一切，那就去爭取，去努力，去朝著想要的遠方一點點前進，靠努力、靠勤奮、靠聰明才智讓自己也擁有那一切。

「與其羨慕，不如成為。」這是我很喜歡的一句話，送給大家。

＊

把放在別人身上進行比較的注意力收回來，放在自己的身上。學會讓自己沉靜下來，安靜地做好自己的事。多關心自己內心的真實感受，關心自己要如何做才能抵達想要去的遠方，關心今日要如何吃飽喝好以及如何取悅自己。

這些事都比無意義地與別人比較更有意義。

慢慢學會在不安中獲得與不安相處的方法。

偶爾，還是忍不住想跟人比較，還是會因為與人比較而難過，怎麼辦？

去接受那部分讓你不舒服的東西，這也是成年人必修的一門課程，更何況那部分不舒服還是我們自身暫時能力不足、心性修練不夠造成的。

也許會時不時難過，時不時懷疑自己，時不時覺得當下的日子太難度過，這些都是正常的。

在戰鬥中學會戰鬥，在解決問題的過程中學會解決問題，在善妒與愛比較中學會掌握讓自己舒服，也不會冒犯別人的「界線」，在某種不舒服的情緒體驗中訓練自己的能力。

「和自己的情緒做朋友」這個人生課題，不是哪個人說的哪句話就能解決的，你得自己去學，去體驗，去感悟。我能告訴你們的是：別怕，我們都是這樣慢慢長大的。

總有那麼一天，你們也能淡定地說：「我年輕時也因愛和人比較傷了些元氣，但我現在不會為之焦灼了，因為我知道，無意義地比較只會費心傷神。」

比起無意義地比較，沉住氣，腳踏實地，走穩當下該走的每一步更加有用。

最後，偷偷告訴你們一個有點「壞」的秘密：治癒愛跟人比較這件事最好的辦法是，嫉妒誰就超越誰。當有一天，你比那個曾經讓你很介意的人過得更好，你的嫉妒自然消失。

不必比較，直接去超越吧。

15

壓死駱駝的不是最後一根稻草，是每一根稻草

如果青春必定疼痛，
寧願是考砸後的懊惱，
錯失初戀的眼淚，
年少的迷茫與成長的小哀愁。
如果青春必定疼痛，
那絕不該是校園霸凌。

—

萬特特

校園霸凌是一個長期存在，又至今沒有一個好的解決方法的難題。

難在關於校園霸凌界定和處理，施暴的學生並不知道自己的行為很惡劣，是給別人的生命造成陰影，而被施暴的人，多半被認定是軟弱的。

我讀過這樣一段話：這個世界上就是會有人莫名其妙地討厭你，明明沒得罪他，他還是會處處針對你。如果問他為什麼這麼做，能得到的回答也只有：「沒什麼，看他不順眼而已。」

這段話，同樣適用於校園霸凌。

*

什麼是校園霸凌？

有位挪威的心理學家是這麼定義的：一個學生長時間並重複地暴露於一個或多個學生主導的負面行為之下，就可以說是正在經歷校園霸凌。

談起校園霸凌，很多人都會以為，只有上升到肢體接觸、衝突的行為，才算欺凌。但我想說的是，暴力絕不單單只有毆打這一項。

所謂的校園欺凌，根本不是小孩子之間的玩鬧、推搡這麼簡單，它是長期的、隱匿的卻具有壓迫性質的。

校園欺凌可以分為直接欺凌和間接欺凌。

直接欺凌就是我們一貫認知裡的肢體動作接觸，而間接欺凌，則表現為無接觸行為欺壓、孤立和語言攻擊等。

語言欺凌是校園欺凌的主要形式，發生率明顯高於關係、身體以及網路欺凌行為。

間接欺凌中最令人恐懼的，也最常見的就是孤立和排斥，教唆同學一起隔絕與一個人的往來。

就是那種你根本不知道自己做錯了什麼事，突然之間幾乎一個班的人跟自己疏遠。他們會偷偷講話，你走過去，大家默契地都不再說話，看你一眼，然後散開。

有位讀者跟我說，她初中時因為又黑又胖，長相一般。再加上不會拒絕別人，沒多久就成為了班級裡的軟柿子，誰看見都要捏幾下。

同學想買零食，會大聲叫她去跑腿；找她借錢，卻因為她不小心碰了一下那個同學的蚊帳，就說錢不還了；她在寢室裡永遠是最後一個洗澡，其他同學沒有熱水就會用她的，所以她洗涼水澡成了常事；晚自習下課了會很餓，她買來泡麵，宿舍其他女生全部都要一起吃，她每次只能喝點湯底；體育課回來因為身上有點汗味，同學就叫她坐到垃圾桶邊上，說她和那裡是最配的；室友會用她的毛巾擦桌子，還說「你的毛巾那麼髒，我們都以為你不要了。」

「為什麼不直接拒絕她們呢？」

「我不敢，因為有一次我拒絕他們讓我代替值日的要求，他們就說要找人打我。」

聽她說完這些，我心疼得不行，卻說不出一句安慰的話，感覺什麼安慰的雞湯都是涼的。只能逗她說：「哪天去報仇，記得叫上姐姐！」

這讓我想起自己在讀寄宿學校的時候，遭受過長達兩年的冷暴力。那時候太小了，根本不懂什麼叫「霸凌」，什麼是「暴力」。

班級一個女孩子總是莫名欺負我，穿我的裙子，用我生活用品。我的作業本她會使勁摔在地上，元旦排舞故意讓我站在最後排。有男生跟我說話，她就會傳我們早戀，老師批評還不夠，還要找我的家長。她弄壞同學的文具，並扔在我的書桌裡，讓全班同學都認為是我做的。她動員全班女生都不要跟我玩，奇怪的是，女生都怕她也就都聽她的。所以那兩年的課間，我是沒有朋友的。那兩年的晚上，我都是自己跑去廁所，再跑回來。

我也是在很久後才知道，那個對我「施暴」的女生，來自於單親家庭。那時候我們週一到週五寄宿，週六回家。家長來接我們的時候，她只是一個人在一邊玩，沒有人來接她。每週三我的父母都會來看我一次，我想這些都應該刺痛了她吧。

「我不好過，你也別想好過的」心態，大概就是那時候的她了。

校園暴力很可怕，但在我看來這種校園冷暴力更可怕。

＊

看過一個研究表示，霸凌受害者患上抑鬱症的可能性是普通學生的四．八倍，自殺的可能性比起普通學生更是十八．五倍。

現實中的校園霸凌，很多時是沒有確切緣由。

我念高一的時候，隔壁班有一幫男孩子，總是指使另一個瘦瘦弱弱的男孩子，像喊一隻寵物似的，讓他去做這個做那個，男孩從來不敢反抗。

體育課上一起打籃球，從來沒有人邀他一起。有一次一個男生起鬨，讓他一起來玩。他一臉欣喜地跑進球場，想要去摸一下籃球，卻被幾個男生當成猴子耍。

那時我們班也在上體育課，我就站在欄杆的另一端看到這一幕上演。他兩眼通紅攥緊著拳頭沒有說什麼話，也沒有哭出來。

有次聽班級同學說，在課間去洗手間的時候，看見那個男孩蹲在角落，低著頭，渾身濕透，一言不發。

有人大笑著從他身邊跑過，有人捂著鼻子避而遠之，有人彷彿根本就沒看見他。

沒有人走過去問他需不需要幫助，沒有人給他遞過一張紙巾，沒有人去告訴老師「有同學被欺負了」。

是的，沒有人。這種場景，直到今天再想起，我都覺得好心酸。

還有一次，我和班長在走廊碰見他，見他自己一個人拎著六個水壺，便上去幫他。

他竟然快要哭出來，說：「求求你們，別管我，如果被看到，他們會更用力的欺負我。」說完加快速度跑遠了。我和班長互相看看，誰都沒有說話。

這個男孩在隔年春天的時候，從我們學校的宿舍樓跳了下去，用極端的方式結束了自己的生命。他的父母痛哭不已，每天在校門口撒冥紙。

壓死駱駝的不是最後一根稻草，是每一根稻草。

東野圭吾著名推理小說《惡意》中的一段話：「令人害怕的，並非暴力本身，而是那些討厭自己的人散發出的負面能量。他從來沒有想像過，在這世上竟然會有這樣的惡意存在。」

有人會說，小孩子，懂什麼，帶回家好好教育就行了？

說這種話的人，我勸你善良。耳光不是打在你臉上，真是不知道疼。

✻

在校園霸凌中喜歡欺負同學的人，也就是施暴者。他們的殘忍之處在於，心智未成熟的他們，沒有憐憫之心，卻有著畸形的心理和行惡行為。

這些人很多從小遭受過家庭暴力，在父母長期的爭吵中長大，又或是從小沒有在家庭裡得到關愛，使他們的內心有很大一部分的缺失。在受教育的過程中，也沒有得到重視和心理疏導。他們通過欺辱、暴力其他同學，來獲得某種滿足感和存在感。

在大部分的校園霸凌中，那些「有點不一樣」的孩子很容易成為被霸凌的目標人物。

比如，顏值特別高和外貌不符合大多數人的審美女孩子，或者是身體有缺陷的同學；家庭背景特殊，單親家庭，父母的職業在別人看來相對比較低廉；不符合典型刻板的性別印象，比如男孩子比較文靜，女孩子比較中性一點等等。

在每一起霸凌中，所謂的局外人，也就是那位圍觀的人，他們的確不是施暴者，但也沒有提供幫助給受害者。但你想想，平時社群裡八卦你吃吃瓜就算了，當面對校園霸凌的時候，旁觀者難道不是對霸凌行為的一種縱容嗎？

就像那個跳樓的高中男孩，當時作為旁觀者的我們，雖沒有把拳頭打在他的身上，但我們卻是以另一種更加冷漠的形式對其心靈造成傷害。

＊

如果你曾經遭遇過霸凌。我知道，這些年背著受過的傷，你一定很不容易，沒能在你不安和無助掙扎時，給你擁抱，真的很抱歉。

在你被施暴的過程中，你一定遭遇過各種不堪的貶低，你也曾極度自我懷疑、自我否定。但我想告訴你，被欺負不是你的錯，你並不是因為哪裡不好才被選中做那個受害者。你無需為此負責，犯錯的是霸凌者而不是你。

我們可以吸取教訓，以後更加堅定地反抗、保護自我。當我們再遇到校園欺凌，或者身邊的人遇到欺凌時，希望我們能勇敢行動起來，做出反抗。這時候一定會有人說，教唆反抗，是以暴制暴，會教壞人。

「打回去」這三個字，並不是讓你通過暴力的方式制止被欺負，而是要有足夠的勇氣站起來抗爭，說出「我不願意」，不再忍氣吞聲，通過家人、學校和法律來維護自己。

學會運用法律的武器保護自己，這是很重要也很難學好的一堂課。

*

我知道我寫這篇文章其實也做不到什麼。

既無法阻止每天每刻發生的校園霸凌，更沒辦法走到受害者身邊告訴他們：「不要怕。」

我想說，如果可以，請避免傷害發生，如果無法避免，那請你直面那些人、那些壓迫。不要讓那些不愛你的人毀了你。你有你的價值，這世界上有很多人願意陪著你。

那些美好的人和事都還在等著你，即使曾在陰溝裡痛苦不堪，也要抬頭看看天上的星星，在泥濘裡開出自己的花。

不管我們曾處在校園霸凌中，還是在人生其他時期的幽暗隧道裡，都希望你能記得：任何時候別向他人屈服，也別向自己屈服，好好長本事才是當務之急。用所有的時間來修練自己，最好有朝一日閃瞎他們的雙眼才好！

如果青春必定疼痛，寧願是考砸後的懊惱，錯失初戀的眼淚，年少的迷茫與成長的小哀愁。

如果青春必定疼痛，那絕不該是校園霸凌。

即使曾在陰溝裡痛苦不堪，
也要抬頭看看天上的星星，
在泥濘裡開出自己的花。

可愛語錄

16

如果事事都如意，那就不是生活了

想做喜歡的事情又想賺錢怎麼辦？
想賺錢，就別矯情；
想做喜歡的事，就別太在意其他。
先滿足生存，再追求生活。

—

閆曉雨

我在二十歲時很不喜歡自己。

那個時期的我，自卑、矛盾、清高又混沌，其實是可愛的，但因為過分喜歡矯飾自己的真心，所以會顯得有那麼一些些浮躁和不夠真誠。

整個人都處在一種特別彆扭的狀態，無論是工作、生活，還是感情。

明明不適合那份工作，為證明「我可以」，崩潰又不甘放棄；明明有自己的想法，總是不敢表達，在人群中習慣當個濫好人；明明是喜歡對方的，卻在對方靠近時顧左右而言它，永遠以一副刺蝟的狀態在感情中戒備前行，傷人傷己，不懂溫柔的真諦。

可能許多女孩都有過這樣一個階段吧。

過分敏感，討好型人格，害怕別人不喜歡自己。總是在糾結和焦慮中惶惶度日，無論做出什麼選擇，總是不能讓自己滿意。

這種奇怪的、微妙的情緒拉扯，本質上是由於我們缺乏「自我認同」，才會迫切地想要一個標準答案。卻忘記生活這張試卷，本身就沒有正解。

坐在這寫這篇文章時，我有反思：自己為什麼多年來時常處於一種極度彆扭的狀態？

整體來說，還是太貪心了，什麼都想要。

＊

前幾天去見了一個年長我幾歲的男性前同事，對方剛開始創業，由於他的產品定位剛好是二十歲左右的年輕女性，就和我在飯桌上展開了比較深度的聊天。

聽完我的一些敘述和想法，他很驚訝的說：「我一直以為你只是喜歡吃喝玩樂，酷愛讀書、寫字，沒想到你會在商業上有這麼多奇思妙想，分析得還蠻精準的，非常受用。」

大概是之前在公司共事的時候，雖有工作交集，但因為不是同一個部門，我在品牌部，對方在設計部，工作本身沒什麼緊密聯繫。

而且回想起那段工作經歷，我並不是一個擅長「主動說出自己想法」的人，儘管經常開會，屢次腦力激盪，但每次主管提出議題時，我都會吞吞口水把自己內心的許多創意和靈感都壓抑下去。我害怕舉手，更擔心大家把目光都聚焦到我身上，我寧可浪費那些想法，也不願意在公開場所表達。

這種心理再往前追溯，中學時代便已有雛形。

我習慣在群體生活中做個「透明人」，畏懼老師點名，偏偏又是個老好人的性格，每次下課時間，同學找我去廁所、去福利社，我都不會拒絕，經常一個課間休息卻來回奔波在陪不同朋友的路上。

長大以後，這種心理放在人際關係和親密關係裡，更加致命。害怕拒絕別人，不敢主動說出自己的需求。經常被動去做一些本身沒那麼喜歡的事情。

有時候真的會感覺很累。

這種狀況直到最近兩年才有所好轉，漸漸的，我好像從過去那種黏稠的性格裡走了出來，現在的我多了一些乾脆感，還不夠果決，但總算能做到知行合一了。

面對朋友邀約，如果和工作有衝突，我敢主動說我們下次再約吧。不再強迫自己做不適合的事情，如果必須做，就毫無怨言全力以赴。和喜歡的人在一起時，對方有讓我不舒服的地方，我不會在「擺臉色」和佯裝「我沒事」之間陰晴不定，而是會大大方方說出自身的真實感受，這樣反倒很少吵架，讓我們可以在彼此面前完全做自己。

我選擇，肯定是因為喜歡和甘願。所以現在的我，真的很喜歡這樣的生活狀態。

我們生活的世界愈發動盪，疫情、競爭、戰事，這幾年大環境帶給我們個體的衝擊如驚雷般擲下，不再是輕飄飄的打水漂，這些現實的回饋作用在每個人身上感受都各不相同。

我最大的感覺是，原來時間和生命都是有限的。我們所仰賴的人間煙火，也許轉眼就成過眼雲煙。

我們的壽命，我們的工作，我們的愛和能量，都是限定的，所以還有什麼必要執著於那些不重要的人和事身上呢？

為什麼不痛痛快快的、酣暢淋漓的為自己活一場？於是，彆扭的我開始學會放下，學著把全部注意力凝視回自己身上。

過去大家誓言抵抗的平庸生活，其實恰恰是我們應該去重新審視和認真對待的生活，是所有的經歷和感知，調動著我們對這個世界的好奇心。

我不再和「內心那個小孩」賭氣。

現在的我，只想爭分奪秒，去愛，去體驗，去做一點有意義的事情。

❊

生命其實是一個閉環：無須搖擺，過好當下。

我發現當我把全部精力放在提升自我、去做自己喜歡的事情以後，我的生活發生了很大轉變，我不再對未來充滿恐懼，每一步都走得很踏實。

我的心也變得更大了。整個人的價值觀特別「簡單粗暴」。想做喜歡的事情又想賺錢怎麼辦？想賺錢，就別矯情；想做喜歡的事，就別太在意其他。先滿足生存，再追求生活。

怎麼戀愛，才能讓自己更舒服？不要覺得付出很傻，也不要覺得被愛就理所當然。

距離理想人生還差很遠，對自己不滿意怎麼辦？自信的人生，就是要允許自己偶爾的自卑，想要過上理想中的人生，就先去經歷一大段備受煎熬的時光吧，幸福本就是赤腳走雪路，踩腳過獨木橋。

沒有足夠堅定的信念，你的努力，根本就談不上有效。

＊

前幾天，我讀書會的夥伴小九問我：「你會不會有時候因為寫不出東西而格外焦慮，感覺自己彷彿就是在虛度光陰、浪費生命，而產生痛苦感？」

「當然會啊。」

這樣的情況，作為一個自由業的我經常遇到。

人最害怕的，就是當下的自己無法匹配理想中的自己，卻又不肯放過自己。

你想裸辭，但又懶得投履歷、擔心失業後找不到更好的工作，從而每天無法集中注意力做事，痛苦到分分秒秒想離職；你談了一段不合心意的戀愛，每每對方觸及自己的雷區，你都感到懊惱、後悔，卻又無法狠心及時止損，離開這個人。

所有這些問題，基本上只有兩種解決方式。

一種是恢復原廠設定，徹底離開這個人、這份工作，放棄它；另一種就是主動經營式，主動去想辦法解決眼前的難題，攻克它。

就像我沒有靈感寫不出東西一樣，要嘛就去努力做事，要嘛就選擇徹底躺平，有時候我們把焦慮和痛苦的時間用來好好休息，都遠比你沉浸在胡思亂想裡來得強。

彆扭的人活該不快樂。每個人都有尖銳的性格，但每個人同時又都很脆弱。

所以我們要做的就是，不遮掩自己的脆弱失落，也無懼戳破這個世界的真相，帶著你的勇氣，去大大方方的做自己吧。

遇到什麼事能解決就解決，解決不了的，就放棄。

儘管你知道的，做自己總會有人喜歡你，有人討厭你，你還可能會失去一些東西，但比起「成為自己」來說，都無關痛癢。

愛可
錄語

人最害怕的，就是當下的自己
無法匹配理想中的自己，
卻又不肯放過自己。

PART

3

ABOUT COURAGE

生活都是
從遇見自己開始的

勇氣

17

永遠被成就感驅動，那多無趣呀

無須考慮「做這件事有什麼用」，
也不用在意「別人會不會幫我按讚」，
那是我們真正能與自己共處的時刻，
藉由那些被虛度的、無法言說的片段，
得到細微的喜悅和寧靜。

—

陶瓷兔子

聚會的時候跟朋友聊天，提到最高頻率的詞，是「倦怠感」。

倒不是什麼也不想做的廢物，而是明明朝九晚五，老闆交代的每件事都認認真真完成，但做完一切也不過是了結任務而已，不排斥工作，但也愛不起來。

花半個多小時精心修飾照片，在社群裡貼出應景的九宮格，但看著一個又一個紅心冒出來，內心卻絲毫不起波瀾。包包也買、眼霜也買、車子也買、房子也買，歷盡千難萬險終於集齊了傳說中的七龍珠，但名為快樂的神龍，卻還是遲遲不肯來。

一位今年剛買了百來坪小別墅的女性朋友，發出了一句凡爾賽式（指一種「不明顯的自誇」或「低調炫富」）感慨：還是懷念當年那個擁有一套十餘坪小公寓，就能興奮一年多的自己啊，現在買了別墅，也不過就是高興幾個月而已。

之前為了存錢買別墅，生活好歹還有個前進的動力，但現在連想完成的目標都沒了，也不知道每天那麼拚到底是為了什麼，你說煩不煩？

其實不僅是她，所有人的快樂門檻好像都在不斷提高，從前三六〇萬素的胡鬧電視劇看得津津有味，現在一〇八〇萬素的大螢幕，感覺卻也沒什麼兩樣。

第一次被老闆表揚時，那種信心滿滿的成就感依舊記憶猶新，而之後一次又一次的升職與加薪，卻變得越來越模糊。

＊

但也不僅是因為擁有的越來越多才變得麻木，目標感的缺失才最要命。大多數人的一生，都是由一個又一個目標群組成的。

十四歲的目標是月考成為全班第一；十八歲的時候，心心念念要考上一所頂尖大學；二十二歲要為找到一份好工作努力；二十五歲滿腦子都是加薪升職；三十歲之前買下房子車子，然後換更好的車子，更大的房子。

這些看似庸俗的目標和時間點，曾經一度成為我們某段時間的全部意義，支持我們度過短暫的迷茫。但打怪打到大魔王總會完結，放眼望去前路沒了路標也不見了，只剩下白茫茫的一片。

怎麼不讓人心生倦怠呢？

「你可以成為你自己呀」，這句話在心裡翻來覆去滾了幾滾，卻始終沒能說出口。

誰不知道這個道理呢？

但自己是什麼？到底什麼才叫成為自己？

這種因為剛性目標缺失產生的迷茫和不快樂，早已經不是某一個人或者某一群人的事，它正在逐漸成為所有人生活的常態。

＊

我們需要補的一堂課不再和創造有關，而是關於如何「享受」。

我跟一些朋友聊過享受的話題，發現包括我在內的大多數人，對「享受」二字的想像力都非常貧乏。

不是展現最舒適的姿勢躺在 king size 大床上，用最高的解析度看著最新的綜藝節目，或說走就走的旅行，到全球各地的景點打卡；不是買一件天價的珠寶犒賞自己，就是點年分最老的酒，住最貴的酒店，去最著名的餐廳吃飯嗎？

你發現了嗎？

我們對「享受」的想像，好像永遠都只是一次性的，要完完全全跟生活隔開，它與日常和普通全都無關，而更像是一種釋放或一次標榜。

但無論是釋放或者標榜，都會讓快樂的門檻進一步提高，刺激來得越頻繁，強度越高，你對快樂的感知力也就越來越弱。越努力越無力，越放縱越無趣，像是一個沒有出口的兩難之局。到底什麼才算是真正的享受，是我想了很久都無解的一個問題。

＊

前段時間天氣回暖很快，社區裡的梨樹和桃樹競相開了花，我也跟風在花事最盛的時候拍了不少照片，自覺已經留住了這個春天最美的風景，也就理直氣壯的視若無睹。

過年放假，我出門時看到一個小女孩蹲在一棵梨花樹下發呆，蹲累了挪挪腳，偶爾戳一戳草裡的螞蟻洞。

我走的時候才一點，回來時已經是四點了，小女孩還在原地蹲著，出於好奇，我問了一句：「你在幹嘛？」「我在等花開呀！」她笑咪咪地回答我，慷慨地給我分享她的發現。我順著她的手指，從一層層茂密的梨花中，看到了一個大概有我拇指指甲那麼大的花苞。「我中午發現小月亮的時候，它還只有一粒米那麼大呢，但你看，它現在馬上就要開了。」小女生興沖沖地比畫給我看。

居然還給這個花苞起了名字啊，我差點沒忍住笑出來。我又盯著她的「小月亮」看了好幾眼，它不比任何一朵出眾，也會很快凋零，或者被一夜北風吹落。

有什麼意思呢？我腦子裡迅速閃過這個念頭。但在上樓的時候，我卻又為此產生了些許的慚愧。

我早就沒了那種可以花好幾個小時，什麼也不做，靜靜等著一朵花開的耐心了吧。在衡量萬物的尺度中，那不過就是一件無用之物而已。既不能讓我們長知識，也不能讓我們變得更厲害，就連拍個小短片都沒必要，甚至都沒有第二個人可以分享。

但正是這些花在日常無用之物身上、少有人迎合而顯得特別私密的時間，才是真正的享受啊。

無須考慮「做這件事有什麼用」，也不用在意「別人會不會幫我按讚」，那是我們真正能與自己共處的時刻，藉由那些被虛度的、無法言說的片段，得到細微的喜悅和寧靜。

永遠被成就感驅動，那多無趣呀。
希望我們都有等一朵花開的耐心。

可愛語錄

正是這些花在日常無用之物身上，
特別私密的時間，才是真正的享受啊。

18

獨立和不怕失去，是一個人最好的底牌

真正理解你的人沒有幾個，
你能做的就是把祕密和委屈藏起來，
然後一步一步地長大。

—

萬特特

朋友約我去逛街，我說：「恐怕不行，因為我要去看電影。」然後她馬上問：「你答應小張了？我就說嘛，他條件那麼好，你遲早要同意的。」

「你在想什麼呢，都說了不喜歡他。」

「那你是跟前任和好了？」

「怎麼可能。一個過去的人我要他幹嘛？」

「那你到底跟誰去看電影⁉」

「我一個人啊。本來約好和閨蜜去的，但是她臨時有事。」

「你一個人去看電影？」

她疑惑又不可思議的語氣，我好久都忘不了。

我去看這部電影，並不是打了誰的主意，要想藉由電影的氛圍，趁著感動得一塌糊塗、淚眼漣漣的時候，跟誰擁抱親吻，而是，我想看這部電影。為什麼不能一個人去看呢？

如果你問，什麼是一個人最好的狀態？

我想，那大概是，心中盛著遠方的時候不害怕前行，在外漂泊的時候不怯於艱辛，戀愛的時候全心全意，一個人獨處的時候享受孤獨，不拒絕溫暖，也不輕易依賴誰。你能夠允許自己不懂得他人，也允許他人不懂得自己；不試圖凌駕他人的意志，也不輕易投身於他人制定的標準裡。

我也曾迫切地想與一個人好好聊聊，不僅僅是寒暄，而是真正的交流，卻發現共同的話題更換了無數遍，熟悉的人早已不再擁有曾經的情懷。

在我被無數個「喔」、「好吧」打敗後，我終於明白，不合群只是表面的孤獨，過於依賴別人才是內心的孤獨。

後來的我更多的選擇是沉默、獨處、安靜的生活，不是因為我不再年輕，也不是不愛熱鬧、不願傾訴，而是有些事真的說不清，也沒人懂，很多話到嘴邊卻不想說了，久了也就發現其實無關緊要。

越來越明白，不用到處宣洩內心，這個世界上，寂寞的不只你一人，那些自己認為重要的心情，在別人那裡是無法真正理解的。

或許我們都忍受著孤獨寂寞，下雨沒人送傘，開心沒人可以分享，難過沒人可以傾訴……但人生不就是這樣？成長讓我們不得不學會獨立、獨處，用自己的心去感受。我們都會掉進這條叫作「孤獨」的河流裡，它不好也不壞。

但是，這個過程會很累很辛苦，甚至常常讓人失望。我們常會面對接踵而來的現實和困難覺得無力，而這也只是生活的一部分，做好我們能做的，永遠是最好的應對方式。總有一天，我們都將上岸，我們終會破繭而出，成長得比自己想像的更好。

孤獨和寂寞不一樣，寂寞會發慌，孤獨則是飽滿的，沒有任何事情會打擾，那是一種很圓滿的狀態。很多時候，我們都是獨來獨往的，沒有誰可以陪你走一輩子。

繁華熱鬧只是一種形式，歌舞昇平未必真的快活。

所有對生命的探索、體驗、嘗試，其實都是很私人、很寂寞的事。寂寞與生俱來，孤獨也並不可笑。相反地，孤獨是一種能力，是一種使人真正強大起來的能力，是一個人在經過歷練後的溫柔與一種無聲的優秀。

世界上有許多這樣的人，他們大多有著自己喜歡的事情，知道自己想要什麼。他們知道有些事需要妥協，有些事依舊需要堅持。他們憧憬愛情，但也從不過分依賴愛情；他們懂得現實的重要性，但也不影響他們堅持自己的浪漫；他們孤獨，也會想有個人來陪伴，但從來不會匆忙尋找擁抱。

他們並不把愛情看作急需完成的考卷，而是讓自己人生更加完整的東西。如果它不能讓你比現在過得更好，那寧可不要。而當他們遇到讓自己心動的人，也會以足夠好的姿態在喜歡的人面前展現出來。

＊

儘量不要把太多精神寄託在愛情上，要把更多期望寄託在自己的身上。期待著一段戀情能拯救自己的人，結果可能只會把感情累死。只有自己過得好，兩個人在一起才能更好。

無論你將來會遇到一個什麼樣的人，過上一個什麼樣的生活，生活都是先從遇到自己開始的。所以，不如就利用孤單一人的時間使自己變得更優秀，給來的人一個驚喜，也給自己一個好的交代。

所以，即便你現在孤身一人，在堅持和將就中猶豫糾結。希望你能夠再堅持一下，先過好自己的日子，把自己變得更好，才能讓相同頻率的人看到。時間能讓你看清很多東西，更能將你變成更好的自己。

安定的力量，你也可以自己給自己。

一個人的時候，別被孤獨打敗，別向寂寞求饒；一個人也要像一支隊伍，堅毅而有力量，這樣的人，上帝才會看到你，才不會忘記把幸福分給你。

*

不管你現在是一個人走在異鄉的街道上，始終找不到一絲歸屬感，還是你在跟朋友們一起吃飯開心地笑著的時候，閃過一絲落寞；不管你現在是在努力著去實現夢想，卻沒能拉近與夢想的距離，還是你已經慢慢地找不到自己的夢想了。

要告訴自己，慢慢來，說不定，命運正為你重新洗牌；慢慢來，誰不是在跋山涉水之後，才漸漸有了頂天立地的胸懷？

「依靠自己」這件事是信仰，而不是雞湯。

當你不再害怕一個人，不再盲目地喜歡，不再用哭鬧來解決問題，開始遵從自己的意願做自己需要做的事，學會尊重身邊的每一個人，面對得失變得大度、慷慨，開始有自己獨立的思想。

那麼，獨處就變得充滿意義，成長也變得有跡可循。

但願有一天，你可以無憾的和過去的自己說一句：「我站在熱鬧的人群裡，我曾經思念過，也曾經挨過寂寞和寒冷，我給予了自己依賴和力量，我就是自己的驕傲。」

無論你將來會遇到一個什麼樣的人，
過上什麼樣的生活，
生活都是先從遇到自己開始的。

可愛語錄

19

鑑渣能力，是當代女生的必備技能

真正能讓一個人高貴的，
不是外在的浮華，
不是標籤，不是人設，
而是他精神層面的修養與底色，
那才是區別於其他人的東西，
那才是決定你們能否
共同站在未來的決定性因素。

—

林夏薩摩

英文中經常用 crush 來形容「突如其來的短暫迷戀」。

小澤前陣子就 crush 了一個在投資銀行上班的菁英男，那時她還不知道有些所謂的菁英男只可遠觀，經不起細看，細看之下，人品與作風上的瑕疵與汙點便無所遁形了。

*

從小到大看過不少偶像劇的小澤，一直也懷抱著「霸道總裁愛上我」的少女夢。

撇開海歸菁英自主創業的富二代這層華麗外衣，論長相、身材和腦子，Z依然是男生圈子裡的佼佼者，那天的劇本殺局，自然成了小澤偶像劇照進現實的開端。容貌出眾，以往出現在聚會上眾星捧月的小澤，難得主動地加了Z先生的聯絡方式，開始了漫漫撩男路。

雖然主動撩男這種事她不擅長，但被撩的次數多了，有些技能也就被動學會了。

她和他在社群裡頻繁互動，她找他感興趣的話題跟他聊天，經常聊到半夜睏得眼睛都睜不開。生活中發生了任何有趣的事情，小澤都想第一時間找Z先生分享。愛情還沒來得及推開隔在他們之間的那扇厚重心門，小澤已經提前陷進去了，只是Z先生的態度一直不明確。

他秀出最近的健身成果給她看，親自教她怎麼投資、怎麼看K線圖，親手做紅酒牛排給她吃，偶爾也會說幾句讓她臉紅心跳的情話。他們像情侶一樣約會見面kiss，只是在關係蓋章認定上，他的態度始終模糊。他牽著她的手去參加朋友聚會，開口介紹一句「小澤」，然後就沒了，小澤永遠聽不到一句期待中的「女朋友」三個字。

Z先生周遭的那些朋友們，身邊的女孩子來來去去，有很多人小澤連名字都沒記住，就再也沒見過了，大家對此也習以為常。

曖昧氣氛繼續不受控制地蔓延，小澤知道自己很難再自欺欺人下去了，是不是在Z那裡，她和別的女孩子沒什麼差別，也是可以像發牌一樣，隨意地被發到各種局上？但她不甘心，她付出過的心動跟感情，讓她想找機會證明些什麼。

L生日時在郊區租了一棟別墅，找了很多平時經常聚在一起玩的朋友，自然少不了Z先生，又看在Z的面子上，順帶叫上了小澤。

別墅有五層，一樓是開放式廚房和娛樂設施，KTV包廂、撞球檯、麻將間、遊戲室等一應俱全，二樓往上是能看到湖景的客房，方便那些喝了酒不方便開車回市區的人過夜。

眾人十分捧場，在L的韓國籍女友帶領下，幫他唱了中英韓三國語言的生日歌，之後便是切蛋糕、許願、拍照、拆禮物等例行公事，禮物拆到一半，L累了，大手一揮，「我們自由活動吧」。

*

人群裡有人歡呼起來，對L身邊那些玩心重的豬朋狗友來說，此刻，派對才算正式開始，前面那些流程，都不過是為了配合劇情哄L開心。接下來，喜歡喝酒的酒不離手，喜歡玩牌的人不離桌，有人唱歌，有人打球，有人躺在沙發上玩遊戲，有人站在氣球牆前瘋狂自拍，大家各得其樂。

其他人的興致勃勃並沒能感染到小澤，她全無心思，滿腦子想的都是，為什麼剛才那兩個女生過來加他社群的時候他沒拒絕，為什麼要跟她之外的人唱情歌，這樣耗下去算什麼呢？她是他的隱藏版女朋友，還是只能算他龐大池塘裡的一條魚？她也是一度被捧在手心裡的人，為什麼要在這裡活受罪呢？

越想越氣的小澤，拉著Z衝出了KTV包廂，拖著他一路跑到了人很少的五樓，隨便推開了一間空房間進去了，這樣就不怕人打擾了，就算灰頭土臉地離開，她也想說完憋了很久的話：「你是不是從來沒喜歡過我？」

她眼中的期待出賣了她，但他甚至不願意包裝字句，很乾脆地回了句：「說實話，沒有。」

「那我們算什麼？」

「不算什麼，這段時間你不也玩得很開心嗎？」

一切都結束了，這個紫色的夢被戳破了，小澤忽然一陣反胃，一定是剛才吃太多奶油蛋糕的緣故。那晚她一個人搭車回了市區，整路在哭。

小澤曾經讀過我那篇很受歡迎的《終極渣男識別手冊》，她跟我講完這段故事的時候，卻沒等到預期中的憤怒批判，我沒和她一起細數Z先生的N大罪狀。

我平靜得讓小澤驚訝，她問我為什麼這麼平靜？難道我不把她當朋友、不在意她的感受嗎？

我說我之所以平靜，是因為類似的故事聽了太多，一堆表面風光出眾的富二代、海歸男、金融男，一旦知道他們的人品和情史，濾鏡就必然碎一地。

「你絕不會是到最後攤牌那一天，才發現他是那種人……」

「又高又帥，消費力強，穿搭不俗，適時散發著性魅力，會說甜言蜜語，懂得挑動女孩子的情緒，偶遇的女生主動加他聯絡方式，他也從不拒絕，你怎麼會覺得他的情史簡單，對感情專一呢？」

「不過是他符合你的浪漫期待，便抱著僥倖心理，抱著你能終結他花心的僥倖心理開始。」

「所以付出過真心就付出了吧，那也是自己願意的，感情本就是願賭服輸嘛。」

我本不想把話說重，但眼見她對那位傳說中的Z先生賣力批判的同時仍心存希冀，便故意把話說得難聽了一些，好讓她徹底斷了念頭，青春可貴，何必在無望的感情裡消耗自己？

＊

從電視媒體時代到新媒體時代，誰沒看過幾部偶像劇，誰沒做過「霸道總裁愛上我」的美夢？女孩子愛做夢也不是什麼壞事情，會做夢，說明我們還保持著天真，還對未來充滿著彩色期待。

只是，等經歷的事情再多一點，就會明白，選男人，外在的條件固然重要，但內在的品格更加重要。

真正能讓一個人高貴的，不是外在的浮華，不是標籤，不是人設，而是他精神層面的修養與底色，那才是他區別於其他人的東西，那才是決定你們能否共同站在未來的決定性因素。

可愛
語錄

每個女人都需要一本《終極渣男識別手冊》。

20

要相信所有的事到最後都是好事

生活是很多細節組成的，
所有事情的發生，
無論是好的還是壞的，
最終都是好事。

如果你發現眼前的事情還沒有變好，
無法讓你內心輕鬆，備受觸動，
那只有一個答案，
這件事還沒有走到最後。

—

韋娜

有位年輕朋友，曾用懷疑的語氣詢問我，是不是自己的運氣太差，一直沒有找到合適的工作；信用卡債還不完，也沒有朋友，孤獨求索的路上，感覺就像在一座冰冷的城市；你一無所有，他人毫無溫度……

其實，年輕的時候，我們都一樣迷茫，站在相同的起點上，都要走過一段無人理解的路。只是走過那條路多年，我漸漸明白，決定我們走多遠的，是在無人理解時的堅持和耐力，是在絕對孤獨時的心境與心態。

年輕的時候，其實可以允許自己一無所有，可以允許自己失敗。只要記得站起來，繼續往前走就好。因為在那條路上，你付出的時間太短了。沒有走到最後，誰也不知道路是長得怎樣，結果又是如何，你究竟充當了何種角色。

畢竟，所有事情的發生，無論是好的還是壞的，最終都是好事。如果你發現眼前的事情還沒有變好，無法讓你內心輕鬆，備受觸動，那只有一個答案，這件事還沒有走到最後。

年輕時的我，也是那麼著急、焦慮。每當我投入時間、精力去做一件事的時候，我期待它立刻有回報，立即有迴響。

如果聽不到迴響，我就會怨天尤人，或懷疑自己的選擇，或莽撞地及時修改方向。

時間就像一塊磨刀石，從不在意我的反應。它用一分一秒、一點一滴琢磨著我的心緒、我的性情，也像雕刻藝術品那般，不慌不忙，不疾不徐。

我因為智慧不足，還無法理解時間的用意時，自然排斥它給我的任何考驗。而那些考驗都被時間打磨成了美麗的花紋，刻在了我的靈魂裡。

時間，讓我認識到耐心的美麗。

*

我記得那是一個冬天，特別糟糕的一段時間，失戀、生病，特意請假在家休息。就在那個下雪天，我突然接到了公司的任務，要出差去一個偏遠的城市講課。我沒有拒絕那次出差要求，但遺憾的是，我竟然沒趕上公司為我訂的早班飛機。

正當焦急又挫敗的時候，我又接到了媽媽的電話，希望我回家一趟，爸爸生病住院了。

在兩難的情況下，我安撫了母親，重新買了下一班的飛機票，堅持到了那個城市講完課，又從那邊出發回去看父母。雖然順利地完成了幾件事，當時的我卻痛哭流涕。因為我突然發現人的無能為力，一個人能決定的事情是很少的。

那天晚上，我失落到極致的時候，突然想到，當天講完課坐上車時，看到一個男孩在窗外敲我的車門。我打開車門，他對我說，老師你講得真好，我都記在心裡了。我很開心地說，謝謝你。然後車緩緩開走，他騎著自行車跟著我的車走了一段路，讓我覺得特別值得。

這一刻的值得，就是動力，也是成長。

生活是很多細節組成的，如果我只去回想那段經歷，可能真的是灰暗無光的，但在一片灰色中，總有閃亮的時刻，瞬間的溫暖。

如果我能拾起所有這些微妙的細節，我相信走過的路一定滿是感動。

＊

後來，每當糟糕的情緒占滿我的心時，我都會告訴自己，要去想事情的另一個角度，去想收穫，去想得到的，去想美好的。

孤獨的時候，我們的感覺幾乎一致，但不能一直處在困境裡。

一個人的力量有很多種，但最重要的一種力量，是他有能力去實現自己想要的東西。如果還不能，那就必然要忍受孤獨、忍受困難、忍受失落或絕望。

其實更多時候，人的灰心或失望，往往是因為能力與欲望不相匹配時，對自己本能的憤怒。

最後，那個可愛的年輕人對我說，江湖自有它的規矩，他能做的就是逃避。從一個繁華的大都市逃到相對安逸的小城市。但又有誰能真正逃脫命運的考驗呢？

不管你是誰，身在何方，它都會拿著時間來測量你是否值得擁有嘉獎。

如果你也在泥濘中跋涉，不要著急，不必哀怨，往前走，且不必步步回頭。

把經歷當成生命體驗，把自己當成過客，放低姿態，多想已得到的事物，快樂就會多一點。

21

失意時不遷怒別人，是難得的品質

在失意之時，
也能不輕賤比自己弱小的人或物，
不拿別人出氣，
在翻湧的情緒中依然保留
一絲悲憫與自制，
這是善良。

—

陶瓷兔子

去年冬天，有次從健身房出來發現忘記帶手機，於是回公司去取。剛走到辦公室門口，就聽到尖銳的女聲在訓斥著某個人，我尋聲音找過去，看到外送小哥正一臉懊喪的連連道歉，手中捧著個帶湯的塑膠碗，已灑了一些，湯汁還在順著他的手套往下滴，那個女聲依舊不依不饒：「我不管，反正這份我不要了，我要投訴你，送個餐點都不會，你還能幹嘛？」

無視外送小哥一臉無奈的賠笑，她轉身就往裡走，正巧和準備看熱鬧的我撞個正著。她是個來公司還沒多久的新人，平時裝的是一副溫柔婉順小白兔的樣子，見我撞破局面，尷尬不已，急忙跟我解釋：「我六點鐘叫的外送，現在都七點半了才來，就想喝口湯，還灑了這麼多，袋子上湯湯水水的，看上去好噁心。」

見我笑而不語，她又說：我今天真的太倒楣了，早上遲到被老闆撞個正著，做到一半的PPT正好遇上電腦當機，加班到現在不容易快弄完了，又累又餓，才忍不住發了火。

「姐姐你知道的，我平時不是這樣的。」她偷覷一眼我的神色，補充道。

有一個男孩，一向是朋友眼中的好好先生，認識他兩年多，屢次聚會吃飯，席間多有出格的玩笑話，卻從沒見過他跟誰紅過眼翻過臉，堪稱脾氣好修養好的典範。

直到一次聚餐，他當著眾人跟心儀的女孩表白，被拒絕之後，便立刻起身告辭。

我和另一位朋友正好在外面聊天，看到他從停車場出來，老遠就不耐煩的按起喇叭，管理員的動作慢了一些，他就從車窗裡探出頭來破口大罵。那天正好下著雨，路邊多有積水，而他依然視若無睹的加速，從一個背著書包的小學生身邊揚長而過，濺了那小孩一身泥水。

我們兩個旁觀了全程，驚得目瞪口呆。

他可是走在路上都會主動撿起煙蒂扔向垃圾箱，是即便和耳背又頑固的老爺爺老婆婆說話都能始終面帶微笑，連服務人員過來收碗筷都不忘記說謝謝的人啊。

這一晚，卻像是成了另一個人。

生活順遂一切如意的時候，誰不會扮演好人呢？

無論是刻意將自己偽裝的溫柔美好，還是因為抱著錦上添花的念頭贈人玫瑰手有餘香，我們都樂於裝扮出一副善良寬容的模樣。

但最考驗人性的，卻偏不是在這些順遂如意的時刻，而是看一個人失意之時，會如何安放他的善良。

我很喜歡《紅樓夢》裡那個片段，黛玉和寶玉拌了嘴，生著氣，還不忘叮囑侍女紫鵑：看那大燕子回來，再把簾子放下來，拿石獅子倚住。

那個平時有點尖酸，心眼小講話又不留情面的姑娘，在自己氣到「哭了半晌」的時刻，猶能記得要等燕子歸來再放下門簾。

心理學上有個名詞，叫作「踢貓效應」，指的就是典型的壞情緒傳染，由地位高的傳向地位低的，由強者傳向弱者，最弱勢且無處發洩者便成了最終的犧牲品。

在失意之時，也能不輕賤比自己弱小的人或物，不拿別人出氣，在翻湧的情緒中依然保留一絲悲憫與自制，這是善良。

我有位朋友，有天忽然在社群頁面上發了一條消息，大意是自己有些事情要處理，所以要停更一段時間。過了半年多她才出現，更新了一篇遊記，我隨口問，你這半年是閉關修煉，去遊覽大好河山了嗎？

並沒有，她笑笑說，是上次去杭州那邊看房子，順便在周邊逛了逛。

你要搬走了？我問。

是啊，她說，男朋友跑了，工作也沒了，三年積蓄一夜回到從前。或許這正好是個重新開始的好時候，剛好在杭州找到了一家不錯的企業，就想著搬過去生活一段時間。

她說得輕描淡寫，我卻聽了膽戰心驚，男友劈腿，假借開公司之名邀她入股，卻在一夕之間連人帶錢都蒸發不見，還順手拿走她保險櫃裡的幾萬公款，導致她被公司開除，連當月的房租都交不起，在地下室裡住了三個多月。

不敢想像，對於一個獨自生活在外地的女孩來說，這段日子是如何熬過來的。而作為朋友，我居然毫不知情。我有點愧疚地包了個紅包給她，她沒有點開手機確認，只回了我一句話說：「一切都過去了。」

天知道，我是多佩服她的冷靜自持。人往往自帶放大苦難的屬性，生活中稍不如意，都能被誇張成一場天災人禍，讓全世界都知道自己的難處，從而合理化自身的一蹶不振或者歇斯底里，恨不得讓舉世同悲，從而渲染自己的失意。

但她不是。她心底自帶一個鐵籠，將那些悲傷苦難都裝進去，不讓它們亂跑一步，也不將它們放大分毫。

我之前寫過和一位女性朋友絕交的故事。她失戀之後，消沉了半年之久，每日約我聊天，無非以淚洗面痛罵渣男，各種藉酒裝瘋極盡各種誇張八點檔之能事，我只要稍微勸她一句，或是表情的悲傷度稍有不配合，就會立刻遭到她帶著淚眼的埋怨：你怎麼也不幫我？

這種狀態持續到第八個月的時候，我封鎖了她。

我從不以把她丟在失意的低地獨自離開為榮，倘若讓我再選一次，我依然會毫不猶豫地做出這個選擇。

我們的一生從來都難免波折，而不耽於情緒，不把身邊人拖下水，不強求感同身受，這是善良。

*

我們每個人都或多或少曾掉進人生的低谷，想尖叫，想罵人，想砸東西，想拉著全世界陪自己大哭，都是人之常情。而我們常常談論修養，也從來不是一個裝點門面的名詞而已。

不是春風得意之時的隨手施捨，也不是人生順遂時的呼朋盡歡。它不在於穿著 Burberry 的套裝，坐在咖啡廳優雅地對服務生說著「謝謝」，而在於窮困潦倒又氣急敗壞之際，是否會去踢鄰家的貓。

得意而不張狂已是很難，失意卻不帶戾氣更甚。在可以隨意發洩的時候懂得克制，在惡念一閃的時候堅守善良，是為很好的修養。

最考驗人性的，
不是在這些順遂如意的時刻，
而是看一個人失意之時，
會如何安放他的善良。

可愛
語錄

PART

4

ABOUT
HOLE CARD

底牌

愛情不是許願池，
我才是自己的聖誕老人

22

情緒穩定才是戀愛的第一生產力

愛上一個對的人是怎樣的體驗？
我希望在這段關係裡，
我是愉悅的，
而你也是人生大贏家。

—

文長長

二十五歲後，對所愛之的人要求只有一點：當我愛著你時，我的情緒是平和、穩定、向上的。

你不會讓我時不時感受到吃醋、嫉妒，你不會因為你的一系列行為，讓我不斷擔心這段關係會破裂而焦慮。你要給足我你能給的那部分安全感，讓我知道我們這段關係是穩定的，讓我對這段關係足夠放心，而後能開心、平和地去過好我自己的生活。

這是一個大前提。

其次，你必須要有自己的事業，要有周全自己人生的能力，要能讓我崇拜。

說句很世俗的話，我希望我的愛情是勢均力敵的，我會很努力、很認真地工作和生活，但對方也要努力，至少不能拖我人生的後腿。我想要的愛情是，有困難我們能一起克服，一起努力，但不能是我在那裡努力，努力完了還要經常處理對方的一地雞毛。

我願意在感情裡付出，但我不願意擁有一段被不斷消耗的感情。

清楚自己想要什麼樣的感情，所以在遇到男孩那一刻，我腦中突然冒出一個念頭：他就是我想要的那個人。

＊

我們清楚對方的底線。

戀愛之初，我就直接和男友說，我會很介意我的另一半跟其他異性走得太近。我說，我這個人愛吃醋，一吃醋就情緒不穩定，情緒一不穩定就心情不好，心情不好就會影響我原有的工作和生活狀態。如果因為類似的事，影響到我的情緒和生活了，讓我過得不開心，那麼不管我多麼喜歡這個人，最後也會忍痛把這段感情捨割掉。

男友說，感情裡的忠誠與專一，也是他的底線。在這件事上，我們的看法一致，如此倒也挺好。

安全感這種東西是互相的，想要對方給足你安全感，你也要儘量給足對方安全感。我倆都很識趣，都清楚這一點，於是在彼此相處過程中，我們盡可能給足對方安全感。他去做什麼事都會提前跟我說一聲，例如先告訴我他要去開會，怕我找不到他著急，忙完手上的事，也總會第一時間回覆我。我每次也都會提前跟他說我要和誰誰去哪裡哪裡玩，要去做什麼。

對方給足我信任，我也會給足對方信任。

年少時總以為，成年人是沒愛情的，又要上班，又要工作，哪有那麼多時間和精力去戀愛。感情裡的無微不至與報備，是十七、八歲戀愛的特權。

如今，我已成長到我眼中大人的年齡，擁有屬於自己的感情。但是，我發現長大後，仍然可以有那種很坦誠的愛情。就像我倆，我們兩個成年人依舊很坦率、很真誠地跟對方報備自己的行程，忙完了第一時間會和對方聯繫。

我們做的雖然都是很簡單、看似很不起眼的事，但我們忘了的是，對於愛情，一開始我們想要的其實也沒有那麼多，就只是能有那麼一個人，陪著我們做一些簡單但又很必要的事。

世間再複雜的東西，也都是由一件件簡單的事組成的。

長大後才明白，不是成年人沒有愛情，只是成年人世界裡的愛情很稀有、很珍貴。得去找，去遇見那個願意跟你一起制定遊戲規則，且遵守遊戲規則的人。

*

你問我們吵架嗎？當然會。

這世間哪有不吵架的感情。

但，我們之間很好的一點是，約定吵架不隔夜，再難過的情緒、再複雜的問題，只要爆發了，就要當天解決。

我不是一個愛哭的人，在我人生的前二十五年，除了跟我爸媽鬧彆扭會委屈到哭，跟旁人相處，即便對方再兇再過分，我也不會流一滴淚。但，和男友在一起後，我在他面前特別容易哭，每次受點委屈，或者遇到難過，都會在那兒叭叭掉眼淚。

每次我在那生悶氣，或委屈到他再說一句話我眼淚就要流下來，或賭氣時，他都會很耐心問我：「你是怎麼想的？」、「我的哪句話、哪個行為讓你特別委屈或者不舒服？」這時，我會跟他講，我是怎麼想的。如果我誤會了，他會解釋清楚；如果是他疏忽了，他會跟我道歉。

對他我也是。

有時，他因為工作、生活一些事煩惱，情緒不是很穩定時，我也會耐心地詢問他發生什麼事了，說說看，我們一起解決。

我經常和他說的話是：「也許很多時候，我沒辦法幫你把眼前那個煩惱直接解決掉，但我可以給你一些有效建議，可以幫你分析問題，幫你調整心態，讓你看到這件事其實並沒想像中那麼複雜，讓你對未來多點信心與勇氣。

不管前方是惡魔，還是野獸，都沒什麼大不了，我陪你一起面對，一下解決不了，那就分幾次、花更多時間與精力去解決，總有結束的那一刻。」

任何一段關係，都會有誤會。只是，我們都很在意彼此的情緒與感受，會儘量當場把雙方的負面情緒化解掉，也願意花時間、精力去治癒對方情緒。

最重要的是，我們彼此也都很願意給對方治癒自己的機會。

親密關係裡的相互配合，真的很重要。

＊

和男友在一起後，我很少去羨慕別人的愛情。

我必須跟大家坦誠，說這句話，並非因為他是百分之百完美男友。雖然，在很多方面，他真的很好。

這些年在與自己的情緒與人生的反覆抗爭中，我也慢慢長大了，看過更大的世界，也吃過一些山珍海味，這部分成長讓我擁有了一個更優秀、更有能力的自己。

但成長沒讓我成為「因為我很優秀，所以在愛情方面，我也要最優秀、最完美的戀人」的那種人，成長帶給我最重要的東西是：

愛情不是許願池，我才是自己的聖誕老人。

世上並無理想中的完美愛情，並不存在和哪個人在一起、結一個婚，人生就會一下子變好的情況。無論男人，還是女人，千萬不要隨便把自己的成長與幸福，依託於某段關係和某個人。不要帶著怨氣和不切實際的期待去愛人，能讓我們人生變好的，只有我們自己。

對於愛人，我們能做且要做的就是去愛對方，去鼓勵對方，而不是要求對方。我們能要求的只有自己。想明白這一點，會輕鬆許多。

所以，在這段感情裡，我們很少去要求對方一定要怎麼做。我們都相信，有能力且都很上進的兩個人，只要踏踏實實去努力，以後什麼都會有的。

我們常跟彼此說的一句話是：忙時，我們好好工作，互相打氣；閒時，我們就計畫出遊，一起吃喝玩樂。一切都可以是很美好的。

我們相信，會一起擁有很棒的人生。

最後，若你問我，愛上一個對的人是怎樣的體驗？

我希望在我們這段關係裡，我是愉悅的，而你也是人生大贏家。

23

誰都可以不喜歡你，但是你自己不可以

不要把對自己的全部認同感
放在別人手裡。
只要你自己不對自己失望，
一切就沒那麼糟糕。

誰都可以不喜歡你，
但是你自己不可以。

—

閆曉雨

今天和一個很久沒見面的朋友聊天。

我問他最近過得怎麼樣？

照例聊了工作、感情和生活狀態，去年他研究所畢業，去了知名的科技公司工作。

他是北方人，卻在深圳長居。

我有那麼一點擔心，總覺得人在遠離自己成長環境和氣候的地方生活，應該會有些許不習慣。所以每次和他聊天，都會不自覺問道：「還適應那裡的天氣嗎？」

他說最近深圳一直在下雨，傍晚時分的雲很低。

拍了照片發給我。

*

深圳的傍晚。

我驚訝於那樣蓬勃、旖旎，帶著幾分科幻色彩的天空，真的太漂亮了。

就像他這個人給我的感覺一樣。

在我心裡，我這個朋友是特別優秀的人。我不知道別人對於「優秀」怎麼定義，在我眼裡，優秀的核心是有自己的小世界，有生命力，對於每個階段所做的選擇都能夠承擔得起。不煩人，也不屑於隨波逐流。

我們認識的時候，他在讀大學。

每年暑假大家會一起碰面，閒聊對很多事物的看法，他的豐富想像力，都讓我覺得驚奇，大家都很欣賞他。

但他今天突然對我說：「不知道怎麼開口……」

「其實，我並不喜歡我自己。」

我們互相聊了很多。他說自己近期的生活就是工作、睡覺、打遊戲，上班不是特別忙的時候，下班會去和同事喝一杯。很久沒談戀愛了。對於未來還沒找到特別明確的方向。

我想了一下，覺得身邊大多數年輕人的生活都是這樣的。

我自己也是。

經常會感覺肉體在生活既定軌道裡運轉著，靈魂早已飄到另外一個未知國度中去。這種狀態並沒有什麼不好，只是對於過分在意精神需求的人來說，會變得困頓。會往自己的內在追根究柢。

就拿戀愛這件事來說。

「覺得自己不好，又希望別人喜歡我。」

但那個人還沒有出現之前，我就已經否定了我自己。

連同幸福的權利。

「總歸一句話，我就是不喜歡我自己，我的幸福感建立在別人對我的態度或者關注上。」朋友無奈的說。

其實我特別理解。

我自己也是這樣的人，潛意識裡比起「被照顧」，更想成為那個「被需要」的人。

因為自己沒被好好照顧過，所以更想要照顧好身邊的人。

＊

回想起來，我第一次產生「不喜歡自己」這樣的感覺，是讀國中的時候，當時我們幾個小夥伴關係特別好，天天膩在一起，本身就容易有小摩擦。

偶爾大家鬧彆扭吵架的時候，有一個女生，她就可以理所當然發脾氣，把自己的不開心和委屈都講出來……脾氣來得快去得也快。而我是這個團體裡從來不會發脾氣的人。

不是因為我修養好，而是因為我「不會生氣」，找不到生氣這個功能的開關。在我的家庭教育裡，一直被教導要忍讓，要懂得換位思考，要多理解別人的不容易，凡事，多一事不如少一事。

所以每次和朋友鬧不愉快，我都是靠自我消化來馴服內心的小獸。但這樣並不能解決很多問題。

相反地，自己還是會覺得很悶、很難受。所以當我看到別人可以大大方方說出自己的不開心，乃是十分羡慕的。

原來「不開心」是可以講出來的啊。原來把自己的不開心講出來，也可以得到大家的喜歡啊。

但當時的我……並不知道，也不敢去調整自己。我害怕別人已經適應了自己這樣的相處模式，一旦輕易改變，我會失去更多。

偶爾心口不一的矛盾，只會讓我更加討厭自己。

就這樣彆彆扭扭度過青春期，被迫接受一些自己並不喜歡的事物與關係。

導致長大以後，在工作中並不擅長人際，在戀愛中也不會撒嬌、不懂及時溝通，「把自己的真實想法坦坦蕩蕩說出來」對我來說，是一件特別困難的事情。

我更擅長的是憋著和儘量遷就別人。在我二十二歲以前的人生裡，我時常覺得痛苦，不喜歡自己，卻又無能為力。

*

直到如今，我也沒有完全克服「不喜歡自己」這個點。

但最近幾年好了很多，一方面是因為我遇到很多特別好的朋友、特別好的讀者，她們一遍遍不厭其煩地告訴我，你很好，我喜歡你，你可以盡情做你自己，不必擔心因此失去些什麼。

另外一方面，是我發現「當我發自內心喜歡自己的時候」，總能吸引到越來越多的人，報以同樣的真心來喜歡我。

做你全部的自己，就會有人愛你的全部。

做部分的自己，愛你的人，也只能愛你展露出來的那一部分。

所以，不要緊張。就算你覺得自己不夠好、不夠優秀，很多「點」可能常人無法理解，但做你自己並不會讓你失去什麼，相反地，總有人覺得你漏洞百出的樣子很可愛。

有時候，我其實挺理解我們這一代人，為什麼會不喜歡自己。想像一下，你從小生長的環境，如果是成績不好會挨罵，成績上去卻在第一時間被警告「別驕傲」。

老師家長給出的方向都是說，要先成為一個有用的人，才能成為一個受歡迎的人。然後你拚命努力，後來發現最受歡迎的人，是那些能夠用自己本來的快樂感染別人的人。

從小到大，沒人正面誇獎過你，沒人認真說過：「我愛你」，沒人在你特別沮喪、特別無望的時候對你說：「沒關係的，你無論怎樣，在我這裡都是最好的。」

我們要如何輕鬆找到愛自己的源頭？昨天晚上，我另外一個朋友在群裡說，她最近特別特別不喜歡自己，覺得自己好糟糕，像個廢物。

我想說，不是這樣的，真的不是這樣的。

每個人都有懷疑人生、懷疑自我的時候，就像夏天的午後一樣，有時只是烏雲過境，下一場即時雨，不代表那些光芒就不存在了。

我們要做的是等待，以及儲備能量。

我只是想分享兩個自己的觀點：

一：不要把對自己的全部認同感放在別人手裡。只要你自己不對自己失望，一切就沒那麼糟糕。誰都可以不喜歡你，但是你自己不可以。

二：期待別人的喜歡、依賴別人的喜歡，也不是什麼丟人的事情。

我這個人沒什麼優點。

但我的朋友們都說我有一雙善於發現別人優點的眼睛，其實不是我會「吹捧」，而是我相信凡事都有兩面性，內向的人往往擁有更豐富的內心世界，能力不足才具有爆發的潛力，單身就享受自由，戀愛就沉浸甜蜜，努力工作為理想發光發熱，回老家就利用下班的閒暇時間，兼差做副業。

賺錢了就努力讓自己和家人過得更好；沒賺到什麼錢，就安安分分，過自己的太平日子；黑馬在成為黑馬之前，或許只是街邊一匹沒人在意的代步工具；明珠在成為明珠之後，也未必真的享受束之高閣的榮光，有些珠子，還很懷念過去自己仍是快樂的瓦礫，被人踢踢踏踏、滾來滾去時，能看到不一樣的多元世界。

最後，無論現在的你是什麼狀態，我都想說，**女孩，你真的超棒的！**

24

假如你不快樂，所有的人生意義都不完整

我們極有可能只活這一世，
開心就好了。
慢慢來，比較快。

—

林夏薩摩

美子在我的世界裡消失了很久，再次聯繫上，從一句「美子，你去哪裡了，我好想你」開始。

文字牽線搭橋，所以我們認識了。她為我寫過人物素描，我也為她寫過。

假如生活是默片，我們失聯前的上一個鏡頭，是在某條大街附近的一間小酒吧裡，幾個女生喝到微醺，我踩著高跟鞋坐在高腳椅上，氣息溫柔，她把頭倚靠在我的大腿上。

她說，那個瞬間她很安心。有一刻好像回到了很久之前，在遙遠的記憶裡，總有一樣讓她倚靠的東西或人，他們平淡卻足以支撐整片溫暖。

那天喝酒，圈子裡的小酒神——老虎也在，一個朋友圈畫風永遠妖冶，泡在酒裡，熠熠生輝的女孩。

如果我是溫柔的，那美子一定是尖銳的，雖然我們都反叛，用不同的方式。

美子，乖張任性，文字潑辣，什麼都敢寫敢說。

很長一段時間，尤其是日子如蒸餾水般索然無味的時候，我要靠美子犀利的文章續命，像急性腸胃炎發作，一定要用吃藥去緩解什麼一樣，迫切地吞下一粒又一粒。

我很羨慕她，不論喜歡什麼、想要什麼都那麼直接坦蕩，不想去上班的時候，就很直率地發文吐槽打工族比坐檯小姐還苦，也不隱藏任何人。我也會直接坦蕩，但這種直接和坦蕩要分場合，需要合適的土壤，換個方式表達，從某種程度上來說，我多少懂一些世俗的虛與委蛇，不管運用與否。

當然，美子自私任性起來，也沒人壓得住。但她就是那樣的風采。

＊

去年下半年，她長了一個腫瘤，最終結果沒出來之前，她很怕，害怕自己突然死掉了。

從小到大，她幾乎沒去過醫院，更別提上手術台，那是她第一次動手術。

雖然沒有到躺在冰冷的手術台上、人生過往種種歷歷在目那麼誇張，但這一刀確實改變了她很多想法。

她本身就是個「人生得意須盡歡」的人，生病以後，變得更加人生得意、更須盡歡。

用她的原話說，「我不知道我哪天就死了，我得趕緊把我能爽的都爽一遍。」

好在，她得的不是淋巴癌，而是一個比較良性的腫瘤。醫生說，有復發的可能，做完手術後還得吃一年的藥。

她現在，除了每天要吃藥以外，和正常人無異。

前段時間，有個姐妹看不慣，吐槽她。

說她從前健健康康、生龍活虎的時候，每天在狂貼文章分享星星月亮詩詞歌賦，精緻得不得了，現在變得很庸俗，天天肌肉男啊、猛男跳舞什麼的。

美子跟我說：「天啊，你知道嗎？我現在就真的想把所有世俗的東西都試一遍，我不知道哪天就走了。」

我想的則是，看來那個姐妹還不算真姐妹，並不了解她，她本來就是既可以從詩詞歌賦聊到人生哲學，又縱情灑脫，能花式解鎖人體結構的人。

＊

我知道像美子這種憋不住話的人，一定是發生了什麼才會消失的。

但我完全沒想到她生病了，但她跟我說生病動手術的時候，我竟然有一個恍惚的羨慕。

我心情很糟糕，情緒跌到谷底的那段時間裡，曾經幻想過，哎呀，我要是得絕症就好了。我那麼好強、那麼驕傲的一個人，要是得了絕症，是不是就不用對自己有那麼多要求，不用想著去完成這個，完成那個，只要開心就好了，不計後果地開心。也不用害怕辜負任何人。

但我不行，我做不到。我還有我的期待，我的執念，我的耿耿於懷，還沒寫出我想要的東西來，還有我將來想去守護的人。

美子偶爾會誇我。

「我們都感性，只是外化的方式不同，你選擇用你的感性去治癒別人，然後變成一個很多人都喜歡、大家都喜歡的人，而我的感性就是非常自私、個人主義，就連寫東西也是，我爽完就行了，別人沒爽也顧不上那麼多的那種感覺。」

她總說：「你就是太好了，總給我一種好到不真實的感覺，每次刷到你的文章時候都會想，天啊，怎麼這麼光輝積極，就是好的無以言喻。」

奇怪，我從語氣裡讀出了遺憾來。

美子覺得她身上有很多殘破的東西，在看到我的時候，就覺得真好，就是沒有詞彙能準確形容的一種感覺。她知道我是那種被大家喜歡和接納的人，和誰都能成為朋友的人，只要我願意。有段時間，她很渴望，渴望成為我這樣的人，就逼迫自己去看一些很正能量、很積極的東西，但還是不行，後來就算了，也就無所謂了，反正自己做不了太陽。

但對我而言，美子就是美子，不需要成為任何人，也不用管太陽還是月亮。

人生苦短，她開心就好了。

況且，連我自己都打算改變，正在改變。

以往除非把我給氣炸了、惹毛了，不然我真的連討公道都會拿捏好分寸，總想著做人留點餘地日後才好相見。

但我變了，我打算放棄某些沒有原則的好，不被珍惜和體諒的好，容易被辜負的好，被當成理所當然的好，這樣的好，不要也罷，沒人稀罕。

*

有些人對你好，是真的出於欣賞、喜歡，像看到帥哥的八塊腹肌、驚為天人的美女，眼神不自覺地貼著多看幾眼一樣的原始衝動，像鼻腔裡塞滿了洋蔥的味道狂打噴嚏一樣的不可自抑。

但有些人對你好，只是因為他們想得到你的好，目的是背後的利益和幫助。

這樣也沒錯，但我一向不相信純粹利益關係綁定的連結，因利聚者也容易因利散，人與人之間還是需要保留點起碼的溫度。

＊

可能我們的身體裡都同樣流淌著天使和惡魔兩種血液。

你看，十年過去了，這麼中二的句子我寫起來、讀起來依然如此順手順口，所以，我果然是個還沒長大的小孩，還不想長大的小孩。

美子去年一口氣在文學網站寫了七十多萬字，那靈感噴湧的架勢讓我害怕。

有幾個瞬間，我還巴望著她一朝成名天下知，讓我抱抱大腿，像皇帝選妃一樣選擇下一部作品的出版方，雖然我爽文沒看過幾部，但不妨礙我做白日夢。然而，現實是，她寫了那麼多字也沒賺到幾個銅板，更別提名氣了。

寫作對美子和我來說，都是用來自我治癒、治療疼痛的方式。雖然我們時常覺得自己懷才不遇，也時常覺得自己寫得很垃圾。

外面的人看我們花好月圓，好像每天只要動動手指頭，敲敲鍵盤，大把的銀兩就嘩啦嘩啦地掉進口袋裡，但只有業內人士才知道，這年頭想寫書賺錢的想法有多荒謬。

我第一本書的稿費，還不夠我富二代的朋友買一個包包，以前一本書起碼賣出五六七八九十萬冊，才敢叫暢銷，現在，能實打實賣出三五萬冊，就算是賣得不錯的了。

但這不妨礙我們的熱愛。

*

半生歸來仍是少年，是多少人的夢。

參加完校友聚會，聽大我很多屆的學長學姐們，訴說他們那個年代的風雲故事，就很羨慕，羨慕他們那個年代的激盪，也羨慕他們如今各有一片天地馳騁。

聚會完搭車回家，再一次高架上飛馳，兩岸明明暗暗，光影彼此交錯再觸電般彈開，我滿腦子想的都是「鮮衣怒馬四海為家，何日看盡長安繁華」。

然後我就跑去問美子，如果讓她在「何日看盡長安花」之前加一句，她會怎麼寫。

她回了我：「桃李春風一杯酒，何日看盡長安花」。

人生得意須盡歡，何必自尋煩惱想那麼多。不必去想，究竟是洛陽牡丹、長安繁花，還是路邊野草、牆角青苔。

我們極有可能只活這一世，開心就好了。

慢慢來，比較快。想一步登天，也沒人幫你買沖天炮啊。

25

很多事情可以靠努力得來，但愛情不行

徹底地失去一件東西，
有時候比得到還要快樂，
因為不必再苦苦守候了。
要去愛一個怎樣都不會放棄你的人，
而不是去等一個怎樣都不會愛上你的人。

—

徐多多

有人說過：喜歡一個人，就像喜歡富士山，你可以看到它，但是不能搬走它。這個道理娜娜一早就知道了，就像你無法叫醒一個裝睡的人，但總是忍不住要試一試。

小宇是大娜娜幾屆的學長，他們在畢業後的一次校友會上重逢。讀書的時候，他們只是見過幾面，畢業後，還是第一次遇到。

那天，小宇穿著乾淨的白色T恤，安安靜靜地坐在一邊低頭滑手機，貌似深沉，娜娜看得入迷，心想：幾年過去了，竟然一點都沒變。

在校時，娜娜就對小宇有好感，那天，當小宇拿著吉他自彈自唱了一首陳奕迅的〈人來人往〉之後，隱藏在娜娜內心的愛火再次點燃了。

他們聊了很多上學時的趣事，也說了畢業幾年後各自的經歷。只可惜，快樂的時光總是特別短暫，一個小時後，小宇接到電話後就匆匆離開了。

剩下娜娜一個人獨自發呆。大概是小宇的白色T恤太乾淨俐落，大概她被內心的小鹿撞得腦震盪了，大概僅僅是因為他就是他……哪怕周圍再喧囂，她都聽不見。娜娜沉浸在剛才那些平淡無奇的對話裡，腦裡不停浮現一句歌詞「閉上雙眼，你最掛念誰」。

她不是婆婆媽媽的人，絕不允許自己只顧埋頭兢兢業業單戀。以前，每次看到偶像劇裡的主角扭扭捏捏不敢表白，她都替主角著急：快點捅破那層窗戶紙，別磨磨蹭蹭的。

所以，她當晚就採取行動，相約見面，小宇答應她一週後在咖啡館聊聊。

見面當天，娜娜把衣櫃裡的衣服全鋪到床上，不行，這個太素，那個也太暴露了，換好裙子後髮型又亂掉。哎，這個妝畫得不行啊，頭髮怎麼又亂了……

最後，終於選出一套自己最滿意的衣服，頭髮染了也燙了，還接了假睫毛。出門的時候，她甚至破天荒噴了點香水。

到了目的地，兩人相約的時間是三點，從兩點起她就開始感到幸福，時間越臨近就越感到幸福，到了將近三點的時候，突然有點坐立難安了。

小宇發訊息給她：臨時開會，晚一點到。

她回：等你。

娜娜選的是整間咖啡館最好的位置，她整理了瀏海，特意擺了一個自認為非常優雅的姿勢對著門口，這樣小宇進來剛好能看到她最美的樣子。嘴唇有點乾，立刻塗了一點唇膏，糟糕，手怎麼這麼粗糙，護手霜瞬間用掉半條……

內心裡的小鹿又開始亂撞，下一秒就要衝出來了。千萬種情緒在發酵，覺得自己好蠢，又暗暗給自己加油鼓勵。

他終於來了。

剛落座，手機又不知趣地響起來，小宇飛快地說一句：「對不起，等我一下」，就開始沒完沒了的打電話、回訊息，似乎已經忘了她的存在。

娜娜悲哀地想：自己快要溢出來的喜歡，可能在他那裡只是打擾。他答應來見一面，大概也是礙於情面，不好推辭。

終於講完了電話。娜娜反覆練習好的話，卻突然不知道怎麼說出口。面對喜歡的人，真的會變成自己曾經鄙視的那種人。從今天天氣晴朗，談到昨天晚上吃了什麼，就是一直不說那句「我喜歡你」。娜娜斜眼偷看了小宇，還好他擺出了一副人畜無害的表情，不然自己真的要找地縫鑽了。

好不容易鼓起勇氣要進入正題了，結果那該死的手機又響了。

「不如你先回去吧，下次再約。」小宇衝著她晃晃手機，無奈苦笑。

小宇送她去地鐵站，結果她想事想到入神。直到小宇在她額頭上輕輕彈了一下，她才回過神來，然後他們互相道別。

真的只是輕輕彈了一下，但是像被滾燙的小火星灼燒，從此有了痕跡；又好像被加了封印，從此有了羈絆。

*

愛情就像快遞，愛上只在一瞬間，更多的是等待。

每隔幾天，娜娜就會忍不住發訊息給他，內容大多乏味而無聊。比如「你在幹嘛」，然後就死盯著「對方正在輸入」，緊張又期待，最後收到一句「在忙」，枉費了自己長時間的思念與等待。

有時候連「對方正在輸入」這樣的期待都沒有，她發出一句話，如同石沉大海，對話方塊像死了一樣，她只能默默退出來。幾個小時之後，突然來了一條簡訊，激動點開，也只不過是「比較忙啊，對不起回晚了」幾個字。

偶爾也會出現連續的對話，但是經常聊著聊著就把天聊死了。她像全副武裝的戰士，視死如歸要出發，卻根本不知道戰場在哪裡。

該怎麼讓他知道自己的心意呢？生活沒有交集，也沒有共同的社交圈，總不能把他的朋友和同事一個挨一個認識一遍吧。聊些什麼呢？自己喜歡的小說和電視劇，對他來說簡直幼稚到極點。

唯一能做的，只有豐富的想像力。電影裡的男主角都有他的影子，每一句歌詞唱的都是他，吃什麼都味同嚼蠟，滿腦子都是他，還有額頭上那個封印不時地提醒她。

人們總習慣用一腔孤勇來形容那種奮不顧身喜歡一個人的勁頭，但到頭來才發現，所有的一腔孤勇都只是一廂情願。

娜娜不是傻瓜，小宇對她沒有感覺，她當然知道，就像強摘的瓜不甜，摘的人怎麼會不知道。喜歡上一個不喜歡自己的人，才懂了「喜歡你，但與你無關」究竟是怎麼回事。

當一個人不喜歡你，就算你故意漂亮地出現在他面前也沒用。你送他的糖是酸的，你三不五時的貼心問候和垃圾訊息是同種性質的，你在狀態裡更新的小心思他是看不懂的，你哭得死去活來對他來說都是不痛不癢，他是你的春夏秋冬，你只是他的路人甲。

娜娜想不出有哪句話，可以準確概括他們之間的關係，似遠似近而又模糊不清，忽冷忽熱卻又習以為常，給點甜頭又怕自作多情，什麼都不是卻又不想放棄。

只是，她怕自己將來後悔，沒有試過就輕言放棄。實在放不下就繼續喜歡他吧，也許會感動他，也許會累到放下。

放下，是因為再見到小宇。

三個月後，小宇突然說要請她吃飯，名為「聯絡友誼」。

這一次，娜娜沒化精緻的妝，也沒換那麼多套裙子，只是從家裡的沙發上爬起來，隨便穿了一件外套去找他。大概是路上跑得太快，心跳還是不太正常。

直到看見小宇，差點沒笑出聲，他穿了一件顏色晦暗的網球衫，特別顯老。

娜娜的屁股還沒坐熱就開始吐槽，吐槽他的髮型難看，吐槽他的衣服像大叔，吐槽他的一切……

小宇一邊大口大口喝著冰水，一邊嘿嘿地笑。

「抱歉啊，讓你失望了！」

「是啊，沒想到你老得這麼快！」與上一次緊張的自己判若兩人。娜娜以為自己是裝的，裝無所謂，裝沒心沒肺，故意叫囂「你看，我不在乎你」。

其實，是真的放下了。

徹底地失去一件東西，有時候比得到還要快樂，因為不必再苦苦守候了。

飯吃到興頭上，小宇坦白地說：「上次和你見面，剛和女朋友吵架，她鬧著要分手，所以心情不太好，也沒能和你說清楚。」

「哦，是嗎？現在怎麼樣了？」

「我又把她追回來了。」說時難掩一臉的甜蜜。

原來，當自己為他徹夜難眠的時候，他正在為另一個人赴湯蹈火。

「其實我能感覺出來你對我的心意，怪我沒能說清楚，我是不是處理得很糟糕……對不起……」小宇支支吾吾，不知道怎麼解釋。

「你不是也一直沒給過我機會嗎？沒必要道歉的。」

小宇不好意思地撓撓頭，為免尷尬，娜娜說想看看他女朋友的照片。他點開相簿——她看到了一張極具網紅氣質的小妹妹的臉。

「還真是絕配啊！」她咧嘴朝他笑。其實心裡酸溜溜的：我也沒有很差啊。果然喜歡一個人是盲目的。

不過，和自己有什麼關係，一切都過去了。

那頓飯吃得很開心，大概因為娜娜又找回了自己，自然不做作。小宇開車送她回家，他們聊著彼此的人生囧事，不時哈哈大笑。

突然，小宇認真問她：「你到底喜歡我什麼呢？」

輾轉反側的日日夜夜一閃而過，不甘心的日日夜夜一閃而過，思念的日日夜夜一閃而過。那些日日夜夜衝進眼眶，馬上要化成眼淚。

娜娜忍住了，只說：「可能是唱歌走調吧。」

「哈哈哈，太奇葩了。」

轉頭的那一剎那，娜娜看見小宇長舒了一口氣。被人喜歡，聽起來是一件很迷人的事，有人追逐，有人擔心，有人記掛。但愛情不是你努力就一定能修成正果的，也許人家根本不想成為被你喜歡的人。

要去愛一個怎樣都不會放棄你的人，而不是去等一個怎樣都不會愛上你的人。

回到家，娜娜和往常一樣，健身，洗澡，看書，睡覺。只是，不會再因為想念而輾轉反側。怎麼突然就放下了呢？大概剛才那頓飯太難吃，大概他的網球衫太難看，大概額頭上的封印解除了。

愛情可以填滿人生的很多遺憾，然而製造更多遺憾的，偏偏也是愛情。沒有人想放棄一份投注了滿腔熱情的關係，那是僅有一次鼓得起的、可能再也找不回的勇氣。但有什麼辦法呢？不是對的人啊。錯過了一個人，又不是把自己的人生都錯過了。未來的路還長，和自己較勁，只會惡性循環。

有些喜歡註定遺憾，時間會慢慢沖刷掉「再咬牙等一等」的執著，剩下的只是「希望你能過得好」的釋然。

如果再也無法相見，那就祝彼此在看不到的歲月裡一切順遂，幸福快樂，也要祝自己，如果遇到了另外心動的人，請一定要勇敢地再試試看。

一個人最好的生活狀態是，愛的時候不辜負自己的心，玩的時候不辜負路邊的風景，睡覺的時候不辜負溫暖的床，一個人的時候不辜負自己。

宇宙那麼大，不要擔心遇不上好玩的事和值得愛的人。去做沒做過的事，去到沒去過的地方，對未知事物永遠保持好奇心。不要怕落空，落空又怎樣。生活就是去經歷，去愛，別停下。

要向前看，如果再遇到喜歡的人，調整好狀態，用足夠多的力氣去相愛。

26

有的人之所以迷人，是因為他擅長做自己

留住春天的唯一方式，
不是成為花，而是成為春天。
你越做自己，就越有人欣賞你。

—

閆曉雨

毫不誇張，我是有「半個錦鯉體質（指常受庇佑，事事順遂）」的人。不是那種大富大貴的命，但總能收穫生活的奇妙恩惠。

舉幾個小例子。
從小到大，我喜歡的朋友，基本上她們也都喜歡我。
畢業後換過幾份工作，只要是我特別想去的公司，最後一定會錄用我。
我十六歲時最大的夢想，就是可以出一本自己的書，二十六歲時回首，驚訝地發現不知不覺中我已經出了五本書。

說這些絕無「炫耀」意味。看似「坦途」的背後，我也走了很多冤枉路，後來我才發現人是要給自己「正面回饋」的，不自信的時候，什麼事都做不好，帶著一股腦的熱情和赤誠，反而會把水逆變成轉機。

我所經歷過的幸運，回頭看那其實不是境遇給的恩賜，而是自己一次次靠努力和好心態，扭轉得來的局勢——要做鹹魚裡最能撲騰的那一條。

當你面對未來的期待超過恐懼，許多障礙會自動消失。幸運的本質就是主動。

它就像你叫的外送，你以為是外送小哥解救你於饑餓之中，其實本質上，還是因為你自己預先主動付出了一定成本。

天上不會掉餡餅，但你可以自己點外送。

我喜歡的人總是喜歡我。

是因為在面對她們的時候，我的眼睛總是亮晶晶，我會拿出百分百的誠意與善意，和對方相處。

我想去的公司會錄用我。

絕不是單純的「碰運氣」和「死耗」，而是因為那是我嚮往的平台，我才會刻意下功夫去研究他們的文化和內涵，去分析，去思考，去主動表達自己的想法，用創意和實力打動了面試官。

我能在二十六歲累計出版五本書。

別人聽起來會覺得「你好年輕」，但只有我自己知道，我在寫作這條路上已經默默寫了十年，熬過無數個大夜，在各種不可思議的場合下趕過稿子，在除夕，在計程車上，在參加朋友婚禮的後台，在許多個下班後匆匆吃一口冷飯的夜晚。

是生活捶打出的故事鱗片，才造就了我的「錦鯉」體質。哪有什麼喜從而降，不過是一個平凡女孩的浪漫倔強。

＊

說起「錦鯉」，我會想到自己第一份工作的女老闆。

她曾經是一家媒體公司的總經理，之後選擇自己跳出來創業，創辦了一家專門服務頂尖企業家、菁英高管的傳媒公司。

我去報到的第一天，就聽到同事們說起老闆的「創業故事」。

才得知這家公司不是她一個人創建的，背後是十位當時知名企業家共同投資創辦。

這些人脈，都是她在當記者和主編時的「採訪對象」，後來變成她交往密切的「生意好友」，再後來，成為她的天使投資人。
據說她當初是在一次私下的聚會上，提出自己想創業的想法。當時的她並沒有太多財富累積，卻用自己獨特的商業嗅覺和講故事的一流能力，折服了在場所有企業家。她原本沒有「拉投資」的目的，只是闡述自己的想法，和充滿感染力的表達，最終贏得所有人的讚嘆。
在這些商界好友的幫助下，開了自己的公司。

她走的每一步，在外人看來都是無比幸運。
只有真正和她接觸過的人才知道，以她的才華、能力和真誠，配得上這一切美好。
我在工作中漸漸發現，她和所有報紙上的「女老闆」都不同，她不是一味強悍、走路帶風的傳統事業女性，而是理性與感性並存，會嚴格要求大家，也會偶爾像個小女孩一樣，在辦公室裡分享自己的趣事。
她對她的野心從不掩飾，月亮和六便士她都要。
她敢於大膽暢想未來，會在同伴工作受挫時暖心撫慰大家，會和公司裡年輕的員工探討成長路線，也會在專案嘗試失敗後，公開承認是自己的決策失誤了，無論身處如何境遇，她都拿出最真誠的姿態來面對生活。這是她身上獨特的「做自己」的人格魅力。

她讓我看到女性身上真正閃閃發光的樣子。從芸芸眾生中走來，脆弱又堅強，溫柔又堅定，那種完完全全活在當下、熱氣騰騰的生命力。

一個人最美的樣子，就是當她全心投入自己的生活，活成一束舞台光。

＊

你越做自己，就越有人欣賞你。

這點放在愛情上如是。

我有位女性朋友，過去總是在情感裡受傷。她情路之波折，都可以寫一本狗血小說了。後來有一次，我們夜裡在她家喝了點兒小酒，藉著微醺的勁頭，幾個人敞開心扉聊起了談戀愛這件事。

她晃晃杯子，嘆了口氣：「其實，我知道我的問題在哪裡。」

用她自己的話來形容，其實她的情感模式是不健康的。她平日是一個頭腦非常清楚的女孩，有敏銳的洞察力，獨特的判斷力，在工作和人際關係上都遊刃有餘，但只要喜歡上一個人，立馬就會變得特別卑微，會事事以對方為先。

她會過分在意「對方喜歡什麼」，如果對方喜歡長髮，她就會留長髮；如果對方不喜歡她出去玩，她就大部分時間陪對方在家打遊戲；漸漸的，她開始變得不像自己，當她內心的天秤全部傾斜到戀人的喜好時，她本身的魅力，反而消失在水中。

要知道，一個人喜歡你，肯定是因為你有自己的特別之處。

而當你完全順從、依附、妥協，你也就離他最初喜歡你的樣子越來越遠。

她上一段戀愛談了半年多。對方是個年齡小她幾歲的男生，追她的時候充滿無限熱情，會在早上七點多等在社區門口幫她送早餐，會在她工作到深夜帶著一束花去接她下班，但真正在一起之後，對方卻逐漸冷淡下去。

我們不去對這段感情進行抽絲剝繭的分析。

只是在女孩轉述的分手理由裡，男孩說：「我原本以為你是一個獨立的女孩，但後來覺得你太黏人了。你都沒有自己的生活圈了。我感覺很有壓力。」

她抿了一口柚子口味的水果酒，聳聳肩：「可笑吧。」

「喜歡一個人不就是會想要黏著對方嗎？」

我們相視一笑。

這句話沒錯。

但生活畢竟不是童話，喜歡一個人，當然想時時刻刻和對方在一起，但假設其中有人撒了謊呢？

另外，很重要的一點，是我自己非常想和年輕女孩們分享的：無論和誰在一起，都不要丟了你自己。

愛情的美好，在於它是疲憊生活中的一顆糖，當我們被高壓的工作壓榨出辛辣酸楚，在成年人世界裡嚐到世事無常的苦澀，它的出現，能召喚出我們心底最柔軟美好的憧憬。

當你生活全部都變成一顆糖，過度的甜膩，反而讓你喪失樂趣。

「你給的太多，就不被珍惜了。」

朋友點點頭：「你說得太對了。」

我知道很多女孩，在談戀愛的時候都容易陷入這樣的迷思，因為太喜歡了，反而手足無措，因為太在乎了，才想要拚盡全力留住對方。

討好型人格，某種程度上是一種愛的匱乏。而愛的匱乏，則促使我們對愛情的期待，會變得十分理想化，這也必然導致理想化期待的破滅。

你的生活重心都不在自己身上了，你的光芒也會隨之消失。

後來我這位女性朋友，沒有再執著於談戀愛這件事，開始回歸到自己的生活軌跡中，專心工作，真誠待人，還是會有新的約會，但她反而變得「平常心」一起來，還是會用自己的一腔孤勇去愛啊，還是會在愛情裡毫不遮掩自己的真心與忐忑，但不會再為了對方，而去一味委屈自己了。

當你想要獲得同等的愛與尊重，首先你要好好對待自己。

無論是工作、戀愛，還是人際關係。

任何一段旅程的出發點，都應該是自己的心，留住春天唯一的方式，不是成為花，而是成為春天。

27

無論什麼時代，用心拚事業永不過時

只要稍微觀察一下就能發現，
職場裡那些混得好吃得開的人，
就算不能做到跟誰都好，
跟誰都熟，
也至少能做到不去和人起
不必要的衝突，不去樹敵。

—

林夏薩摩

開了半年網路商店，不僅沒賺到錢還貼了不少存款的嘉妮，決定還是老老實實去找工作。

在網路上狂撒了三週履歷，又在兩週內斷斷續續面試了五家公司後，嘉妮最終進了一家心儀的網路公司做運營。找到滿意新工作的興奮感還沒過去，她就經歷了一場風暴，把比她早三個月進公司的客戶總監 Lisa 給得罪了。

有人的地方就有江湖，大公司的茶水間和化妝室永遠是是非最多的地方。

某天午飯後，她在化妝室補妝，聽到旁邊有幾個老同事在講員工八卦，開頭幾個人的名字她沒聽過，也對不上人，便沒仔細聽，等到 Lisa 的名字蹦出來，她立即豎起了耳朵，拿著粉餅對著鏡子往臉上拍的動作也越來越輕。

「喂，你們聽說了嗎？那個空降的 Lisa 是靠關係進來的？」

「怎麼說？你收到什麼消息了嗎？」

「呦，你們還不知道呢，她是我們 COO（Chief Operating Officer，營運長）的前女友，走後門進來的，李總監跳槽以後，別人給老闆內推了好幾個資歷深的都沒過，她才不到三十歲就能坐客戶總監這個位置，管那麼大一個部門，要說沒點黑箱作業誰信啊。」

「真的假的？難怪啊，我之前好幾次加完班，看到他們兩個一起坐電梯下樓，我還以為是巧合呢。搞不好他們舊情復燃了？」

「這誰知道呢？不對啊，我們COO不是有女朋友嗎？你是說他劈腿？」

「Maybe…」

認真聽完的嘉妮在內心感慨，果然藝術源於現實，這個新鮮出爐的瓜也太好吃了，公司裡八卦的精彩程度，不亞於她最近正在追的幾齣網路劇。

這個世界上，沒幾個人能保守祕密，知道了祕密沒人交流是件很難受的事情，加上她本就是一個心直口快、沒心沒肺的人，憋了三天終於憋不住了，第四天，她上完洗手間，迫不及待地和同期進公司的Amber說，「Amber，我跟你講個八卦，你不要告訴別人哦。」

「什麼啊，你說吧。」

「客戶總監Lisa你知道吧？她是我們COO的前女友，聽說，他們最近好像舊情復燃了……Lisa進公司也是COO推薦進來的。」

嘉妮一邊說一邊塗口紅，完全沒意識到身後突然站了一個人。

她轉頭看 Amber 反應的時候，撞上了 Lisa 想殺人的眼神，嚇得口紅都掉進了洗手台裡。

Lisa 看了眼嘉妮身上掛的證件：「營運的？」

「看來你們營運部門工作量嚴重不足，要不要過來幫我們把銷售部的事情也一起做了？你對我的感情八卦這麼感興趣，需要我開堂課專門說一遍給你聽嗎？以後你的薪水也別拿了，每個月匯到我的帳戶裡當學費吧。」

Lisa 說完，像一陣風一樣飄走了，留下了臉漲到通紅的嘉妮。

週末聚餐，嘉妮給我複述這一段的時候還心有餘悸，她說，Lisa 的氣場太強了：「林夏，你說我以後怎麼辦？實習期還沒過，就得罪了一個公司主管。」

我說：「你應該慶幸 Lisa 不是你的直屬上司，不然你以後的日子可能很不好過。」

「我錯了嘛，我怎麼知道會那麼巧被她撞上……」

人在職場江湖飄，要想混得好，混得人見人愛花見花開，有些生存法則必須牢記。

職場生存法則第一條就是「管好自己的嘴，千萬別在公司裡談論任何主管和同事的八卦」。「祕密」是世上傳播最快的東西之一，隔牆有耳，說不定哪一天，你就像嘉妮一樣，被八卦當事人興師問罪了。

況且，沒有主管會喜歡，事情沒做成幾件，嘴巴卻關不住的人。

＊

我從來不是一個喜歡搞辦公室政治的人，但有人的地方就有江湖，有江湖的地方就會有腥風血雨，就會有搶奪地盤和資源的爭鬥，公司裡也不例外。

表面上，公司這艘巨輪在各個部門的通力協作下，不斷向前行駛，但私底下，各個部門之間也會有很多力量博弈，每個人也都有每個人的小算盤，看似平靜的海面下暗流湧動。

所以，對於像嘉妮這樣的新人來說，職場生存法則第二條就是「有幾個關鍵職位手握生殺大權的同事，最好別去得罪，儘量和她們維持良好關係」，不然到最後可能連怎麼被踢出公司的都不知道。

人在職場混，首先不能得罪的就是HR（Human Resources，人資部門）。

入職前，負責徵才的HR主宰著你的面試與背景調查，他給的評價直接決定了你能不能順利拿到一份工作的offer，所以不能得罪；入職後，負責績效考評的HR，極大程度地影響了你職級和薪資的上調空間，因此也不能得罪；等你跳槽到了新公司，前公司HR就成了類似你前任的角色，為了防止你的前任在你現任（新公司的HR）面前亂說話，阻礙你拿到新offer，你更不能得罪他們。

這些都是血淚經驗，工作這些年，我身邊「成也HR，敗也HR」的人都有。

有人因為人情練達，HR那邊人際關係打點得好，既能提前收到公司裁員的消息，也能很快透過HR手頭的資源，內升到新的職位；另一些人，不僅工作能力一般，情商還很低，得罪了HR都不知道，果不其然，找新工作的時候栽在了背景調查上。

我當然相信，任何一個足夠專業的HR，心裡都有一條線，不會把公事和私事扯在一起，但我們未雨綢繆以防萬一總是沒錯的。

＊

除了HR，第二個不能得罪的就是財務。

財務在任何一家企業都是核心部門，能在公司裡管錢的人，一般都是老闆的親戚和心腹，普通的財務小姑娘不能得罪，財務阿姨、財務總監就更不用說了，尤其是一些和業務密切相關的部門。

幾乎所有甲方公司的市場部和乙方公司的客戶部門，都涉及到一定的商務宴請、合約簽訂和付款，都必不可免地頻繁出差。

如果不小心得罪了財務，每次的請款都下來特別慢，每個月薪水的三分之一都墊在公關客戶上了，搞得自己左支右絀地過日子，悶不悶啊？

第二天早上六點要坐飛機去談 case 了，備用金還沒匯到你帳戶裡，客戶指定的酒店房間和宴會廳預付款還沒付，眼看著宴會廳經理在接洽別的公司了，你著急不？

萬一因為預付款沒及時付，生意沒談成，你覺得老闆第一時間是找你算帳還是找財務？

如果真是因為財務匯款不及時，你要被問責，財務也要被問責。

但問題在於，人家財務就算被問責了也有甩鍋的話術，她又不跟進度，怎麼知道必須卡哪個時間點付款呢？公司的錢每天進進出出那麼多，她每筆錢的進出都是按申請單來的，你的申請單又沒具體到要幾點幾分入帳，她怎麼知道會耽誤事情？說不定人家還可以反咬你一口，說你業務能力不行，前期就沒有溝通好，和客戶及酒店的關係沒有打點到位。真遇到這種情況，你能全身而退嗎？

＊

除了HR和財務，公司還有看似不起眼但最好別得罪的人，那就是櫃台小姐姐。

一定有人說，櫃台又不是多高的職位，就算得罪了又怎麼樣？

那我就想說了，職業不分高低貴賤，因為一個人職級低就看輕她本來就不對。再來，如果和櫃台小姐姐打好關係，你總能第一時間收到和業務相關的快遞和郵件，不好嗎？開會忙到沒時間訂餐，她幫你一起訂了，不感激嗎？

雖然到這裡，我只說了在公司裡三類不能得罪的人，但其實我真正想說的是，一個心智成熟的職場人士，應該尊重和善待你的每一個同事。

只要稍微觀察一下就能發現，職場裡那些混得好吃得開的人，就算不能做到跟誰都好，跟誰都熟，也至少能做到不去和任何一個部門的人起不必要的衝突，不去樹敵。

＊

人在職場江湖飄，有兩條生存法則非常重要：

一，**不斷地提升自己的業務能力**。雖說人際關係很重要，但它只是附加，在今日這個競爭激烈的職場大環境下，最終能讓你在一家公司平步青雲的，一定是你的業務能力。

二，能快速鎖定解決問題的「關鍵人物」。獨木不成林，孤軍難成事，我們在工作中一定會遇到需要跨部門協作的事情，一定會遇到自己緊急時解決不了的難題，此時，能準確地鎖定「救兵」，便可幫你解決九成以上的煩惱。

希望每個人都能夠憑藉自己的能力和堅持，填平職場的泥坑，早日從新人小白到獨當一面，這條路雖遠，卻清晰可見。

可愛語錄

一個心智成熟的職場人士，
應該尊重和善待你的每一個同事。

國家圖書館出版品預行編目資料

這世界很煩，但你要很可愛 2 / 萬特特等著 . -- 初版 . -- 新北市：幸福文化出版社出版：遠足文化事業股份有限公司發行，2023.06
面； 公分
ISBN 978-626-7184-77-6(平裝)

1.CST: 自我實現 2.CST: 生活指導

177.2 111022362

這世界很煩，但你要很可愛 . 2 / 萬特特等著 . -- 初版 . -- 新北市：幸福文化出版社出版：遠足文化事業股份有限公司發行，2023.06
面； 公分
ISBN 978-626-7311-18-9(平裝誠品版)

1.CST: 自我實現 2.CST: 生活指導

177.2 112007234

富能量 0060

這世界很煩，但你要很可愛 2：

願我們經歷善惡，依舊少女無畏

作　　者：萬特特 等
責任編輯：林麗文
校對協力：羅煥耿
封面設計：@Bianco_Tsai
內文設計：王氏研創藝術有限公司

總 編 輯：林麗文
副 總 編：梁淑玲、黃佳燕
主　　編：高佩琳、賴秉薇、蕭歆儀
行銷總監：祝子慧
行銷企畫：林彥伶、朱妍靜

出　　版：幸福文化出版社／遠足文化事業股份有限公司
地　　址：231 新北市新店區民權路 108-1 號 8 樓
網　　址：https://www.facebook.com/happinessbookrep/
電　　話：（02）2218-1417
傳　　真：（02）2218-8057

發　　行：遠足文化事業股份有限公司（讀書共和國集團）
地　　址：231 新北市新店區民權路 108-2 號 9 樓
電　　話：（02）2218-1417
傳　　真：（02）2218-1142
電　　郵：service@bookrep.com.tw
郵撥帳號：19504465
客服電話：0800-221-029
網　　址：www.bookrep.com.tw

法律顧問：華洋法律事務所　蘇文生律師
印　　刷：通南印刷有限公司
初版一刷：2023 年 06 月
初版七刷：2024 年 02 月
定　　價：380 元

9786267184776（一般版）
9786267311189（誠品限量版）
9786267311165 (PDF)
9786267311172 (EPUB)